문화문고 016

경전으로 본 세계종교

그리스도교

이정배 편저

傳統文化研究會

경전으로 본 세계종교

경전으로 본 세계종교
문화문고 그리스도교 정가 10,000원

2014년 12월 26일 초판 인쇄
2014년 12월 30일 초판 발행

편 저 이정배
기 획 이계황
편 집 남현희
교 정 최문형 이효재
출 판 김주현
관 리 함명숙
보 급 서원영

발행인 이계황
발행처 (사)전통문화연구회
서울시 종로구 낙원동 284-6 낙원빌딩 411호
전화 : 02-762-8401 전송 : 02-747-0083
사이버書堂 : cyberseodang.or.kr
온라인서당 : book.cyberseodang.or.kr
전자우편 : juntong@juntong.or.kr
등 록 : 1989. 7. 3. 제1-936호
인쇄처 : 한국법령정보주식회사(02-462-3860)
총 판 : 한국출판협동조합(070-7119-1750)

ISBN 979-11-85856-40-7 04230
978-89-91720-76-3(세트)

간행사

본회는 한국고전의 연구와 번역의 선결과제先決課題로, 동양고전의 협동연구번역과 on-off라인을 통한 교육을 해온 지 20여 년이 되었다. 이는 우리의 역사歷史와 문화文化를 깊이 이해하기 위하여 동양의 역사와 문화를 총체적으로 조명하여야 한다는 취지에서이다.

그런데 동서양 고전에 대해서 그 중요성은 인정하고 있지만, 특히 한국과 동양의 한문고전은 지식인이나 일반인은 물론 전문가조차 해독하기 어려워 일본이나 중국의 번역본을 중역하는 상황이었고, 동양고전은 현대화가 늦어져 이제야 본격적인 작업을 하고 있다.

오늘날 각계의 교류가 긴밀히 이루어지면서 세계가 하나로 되는 상황에 이르러, 우리 국민의 역사·문화 의식이 한국에서 동양으로, 또 세계로 지향해야 하는 시급한 시대가 다가왔다.

그러나 세계로의 지향이 서구화의 다른 이름이고 우리로서는 허상일 수 있음을 주의해야겠지만, 우리와 동양의 자주성과 자존의 아집도 경계하여 새로운 그 무엇을 그려내야 할 것이다. 이를 위해서는 일차적으로 한韓·중中·일日이 삼국양립三國兩立에서 발전하여 삼국정립三國鼎立을 이룸으로써, 치욕의 역사에서 벗어나 안정과 발전의 기반을 마련해야 할 것이다.

본회는 이러한 상황에서 1차적인 준비로 '동양문화총서'를 몇

권 간행한 바 있으나, 이 계획의 충실을 기하기 위해서는 한 손에는 연구, 다른 한 손에는 보급이라는 과제를 좀더 확실히 해결하지 않으면 안 된다. 이러한 문화 보급의 취지에서 앞으로 국민의 전체적인 수준 향상을 위하여 '사서四書'의 문고화를 시작으로, 우리와 동양에서부터 서양의 고전과 인물과 문화에 관한 '문화문고' 간행의 출발점으로 삼고자 하는 것이다.

대체로 문고는 연구서에 비하면 2차적 작품이므로, 해석과 주석 등을 본문에 녹여서 중등학생 수준의 독자가 읽어서 이해되도록 하려고 한다. 그러나 특수한 분야나 전문적인 것도 필요한 것이다. 또한 시대에 부응하여 편리하며 염가로 읽힐 수 있는 '전자출판'도 겸행할 예정이다.

구미歐美의 유명한 문고본이 끼친 세계 문화적 영향이나, 이웃 일본의 교양과 지식이 이와나미문고岩波文庫에서 나왔다는 사실을 기억해야겠다. 우리나라의 문고본은 그간 부침浮沈이 있었으나, 여러 분의 서가에도 상당수 있듯이 그 공헌은 인정하지 않을 수 없다.

앞으로 우리는 동양고전의 번역 및 교육사업과 함께 통섭적統攝的 방법으로, 국가경쟁력을 키우고 문예부흥을 개막하는 계획의 꿈도 이루기 위하여 지혜를 모아 헌신할 것을 다짐하며, 이에 각계의 관심과 지원을 기대한다.

전통문화연구회 회장 이계황

이 책에 대하여

이 땅에 기독교가 유입된 지 벌써 120여 년의 세월이 지났다. 그간 크고 작은 교회들이 수없이 세워졌고 그곳에 소속된 신앙인들 즉 교인教人들의 숫자가 한국 내 여러 종교 중 으뜸인 것을 자랑하기도 한다. 세계적으로 손꼽히는 초대형 교회들 중 상당수가 한국에 소재所在할 정도가 된 것이다. 이보다 앞선 역사를 지닌 가톨릭교회까지 합하면 그 세勢는 더욱 늘어 날 것이며, 한국 사회에 미치는 영향력의 크기 역시 가늠할 수조차 없을 것이다.

본서에서는 개신교와 가톨릭을 아울러 그리스도교라 칭할 것인바, 이들 간의 차이보다는 공통점에 근거하여 내용을 정리하고자 했다. 사실 이들 두 종파는 그간 같은 경전經典을 지녔음에도 불구하고 상호 다른 신앙표현과 교리敎理들로 인해 잦은 왕래가 없었다. 더욱이 가톨릭의 경우 ≪성서聖書≫를 66권으로 인정하는 개신교와 달리 73권을 경전으로 하기에, 외형적인 면에서도 큰 차이점이 있었다. 그러나 이런 차이에도 불구하고 믿음의 핵심, 신앙의 본질에 있어서는 다르지 않기에 작업하기에 큰 어려움은 없었다.

한때 성서 번역을 같이하여 함께 사용하자는 약속도 있었으나 성사되지 못했던 아픈 역사도 있다. 이를 대단히 안타까운 일이라 여겨 이 책에서는 양자兩者가 합의했던 공동번역 ≪성서≫에 근거하여 각 주제에 따른 내용들을 발췌하였다.

주지하듯 올해 8월 교황께서 한국에 방문했던 시점을 기해 종파 간의 일치 운동이 '복음福音의 기쁨'을 주제로 활발하게 이뤄지고 있음을 보고 있다. 자본주의가 교회를 집어삼킨 불의不義한 현실을 극복하려는 몸부림을 함께 하고 있는 중이다.

이런 정황에서 개신교와 가톨릭이 공유한 ≪성서≫를 함께 읽고 의미를 생각한다는 것은 대단히 유익한 일이 아닐 수 없다. 이것이 차이보다는 공통 본질에 무게중심을 두며 작업할 수 있었던 이유라 할 것이다.

그리스도교의 오랜 역사 속에서 ≪성서≫가 교우敎友들은 물론 한국인들에게 익숙해지긴 했으나, 실상 경전으로서의 ≪성서≫에 대한 이해는 너무도 단편적이다. 주일主日 설교를 듣고 ≪성서≫를 이해하는 정도의 수준이었거나, 임의적 성서해석으로 인해 그 방향성을 놓쳤던 적도 있었고, 지엽적인 내용을 침소봉대針小棒大하는 오류를 범하기도 했으며, 문자적 해석에 치우쳐 세상과 소통이 불가능한 경우도 적지 않았다.

그동안 교회는 〈창세기〉부터 〈요한계시록〉까지 통독하는 방식으로 ≪성서≫ 읽기를 가르쳐왔다. 물론 그러는 중에 ≪성서≫가 독해되고 삶이 달라지는 경험도 할 수 있겠으나 그것은 결코 효과적인 방식일 수는 없었다.

이에 본서에서는 ≪성서≫의 내용을 종교학적 범주를 통해 체계 있게 이해할 수 있도록 분류를 해놓았다. 궁극적 실재, 세계관, 인간 이해, 종교체험의 방식, 개인과 사회 윤리, 종교 창시자의 삶, 그가 일군 공동체 등이 그것이다.

이런 범주를 통해 ≪성서≫를 읽을 때 ≪성서≫의 뜻 자체가 종전과는 다르게 찾아질 것이며 체계적으로 읽힐 것이고, 성서 내용 속에 담긴 진리 이해 또한 이웃 종교들과의 관계 속에서 독해할 수 있는 관점도 생겨날 것이다. 종교들이 공존하는 시대에 자기 종교에 대한 확신을 이전과는 다른 방식으로 획득할 수 있는 길이 열릴 수 있다는 사실이다. 우리는 잊고 있었으나 항시 나는 너를 통해서만 확인될 수 있는 까닭이다. 이런 점에서 본서는 교회에서 설교하는 목회자들에게도 도움이 될 것이다.

본래 이 책은 오래 전(2001년) 여러 종교들의 경전과 함께 엮여 사전 형식으로 출판되었던 것으로서, 학술원 우수도서로 선정되기도 하였다. 이번에 시대 추세에 맞추어 누구나 손쉽게 접할 수 있도록 종교별로 나눠어 문고판으로 재출간되었다. 단지 내용이 처음보다 많이 줄어들어 아쉬운 마음이 크다.

종교의 형식은 변하고 달라질 수 있겠으나 거기에 담긴 진리와 영성靈性은 영구한 탓에, 기존 교회의 부족한 현실을 보기보다는 진리의 세계에 깊이 관심을 갖는 이들이 많아지기를 바라는 마음 또한 담겨져 있다. 아무쪼록 이 책을 통해 그리스도교의 가치를 새로 발견하여 자신의 삶 속에 깊이 체화시키는 신앙인들이 많아지기를 소망한다.

끝으로 서적이 많이 읽히지 않는 시기임에도 본서의 소중함을 인지하여 문고판으로의 재출간을 기획하신 전통문화연구회에 깊이 감사드리며, 그 옛적 함께 모여 종교경전에 대한 이야기를 나누던 선생님들의 모습을 떠올려본다.

모두들 자신이 속한 신앙 공동체 안에서 훌륭한 삶을 이룩한 분들이며 학문에 일가一家를 이룬 학자들이었다. 각기 다른 종교에 속했으나 같은 꿈을 꿀 수 있었던 그 시간이 지금 생각해도 한없이 그립다. 자주 모여 토론했으며 허심탄회하게 대화했고 치열하게 묻고 대답한 기억이 지금도 또렷하다. 그분들 중 세상을 떠난 분도 있고, 여러 분이 현직에서 은퇴하여 여생을 새로운 방식으로 사시는 분도 있다고 들었다. 그분들과의 대화를 통해 본 작업이 이뤄진 것에 대해 깊이 감사할 뿐이다.

본서를 재출판하는 데 있어, 필자는 서술의 눈높이를 가능한 높지 않게 하려고 애썼다. 일반 독자들이나 평신도들이 읽어도 난해하게 느끼지 않도록 문장을 수차례 수정하기도 했다. 너무 긴 문단은 짧게 재구성하여 본질적 요소를 부각시키고자 하였다. 그럼에도 여전히 어려운 부분이 적지 않을 것 같아 염려스럽기도 하다.

독자들이 이 책과 더불어 다른 종교 경전에 관한 책도 읽을 수 있기를 바란다. 이웃 종교를 모르는 종교맹宗教盲으로 사는 그리스도교인들이 적어져야 그리스도의 빛이 더욱 밝게 빛날 수 있다고 믿는 까닭이다. 세월호 사건 이후 공감이 더욱 절실해진 우리의 현실에서 종교가 국가 공동체의 소통에 있어 방해 거리가 되어서는 결코 아니 될 것이다. 끝으로 정성껏 책을 꾸며주신 전통문화연구회 임직원분들께 깊이 감사드린다.

2014년 10월
부암동 현장아카데미에서
이정배 삼가 올림

일러두기

1. 본서는 동서양東西洋의 중요한 고전古典, 인물人物, 문화文化에 관한 모든 국민의 교양도서로, 미래 한국의 양식良識 기반을 구축하기 위한 문화문고文化文庫이다.

2. 본서는 ≪경전으로 본 세계종교≫(전통문화연구회, 2001)의 〈그리스도교〉편을 문고文庫 형태에 맞게 개고改稿하여 중등학생 정도면 이해할 수 있도록 엮었다.

3. 본서의 체제는 ≪경전으로 본 세계종교≫의 체제를 따랐으며, 항목에 대한 설명을 수정 보충하였다.

4. 본서의 항목은 비교종교학적 관점에서 주제별로 정리되었으며, 본서의 ≪성경≫ 대본臺本은 대한성서공회가 1977년 발행한 공동번역 ≪성서≫로 하였다.

5. 고유명사와 용어 및 주요 어휘는 독자의 문장 이해를 위하여 한자漢字를 병기하였다.

6. 본서에 사용된 주요 부호符號는 다음과 같다.

   “ ” : 대화, 인용
   ‘ ’ : 재인용, 강조

( ) : 본문에 인용된 공동번역 ≪성서≫의 장절章節 표시, 간단한 주석註釋

≪ ≫ : 서명書名

〈 〉 : 편장명篇章名, 작품명作品名, 보충역

: : 공동번역 ≪성서≫의 장절章節 구분 표시

참고문헌

- 대상 경전 : 공동번역 ≪성경≫, 대한성서공회, 2000.(외경 제외)

- D.Migliori, 이정배 역, ≪조직신학입문 - 이해를 추구하는 신앙≫, 나단출판사, 1994.
- H. Küng, *Theologie im Aufbruch*. München, 1987.
- *New Testament Question of Today*. Philadelphia : Fortress Press, 1969.
- R. Bultmann, *Das Urchristentum im Ramen der antiken Religionen*. Artemis Verlag, 1962.
- Rebecca S. chopp & Mark Lewis Taylor(eds), *Reconstructing Christian Theology*. Minneapolis : Fortress Press, 1994.
- *Sacramentum Mundi*, Bd. I. Herder Freiburg, 1967.
- *Theologische Realenzyklopädie*, Bd. Ⅲ. Walter de Gruyter, 1981.

목 차

제4장 인간과 종교적 체험

제7장 개인윤리와 이상적 삶

제8장 사회윤리와 이상적 사회

제1장

그리스도교 개요

베드로에게 열쇠를 돌려주시는 예수
Jesus Returning the Keys to St. Peter
장 오귀스트 도미니크 앵그르
Jean Auguste Dominique Ingres

1. 그리스도교의 현실 : 그 형태의 다양성

그리스도교는 본래 예수의 역사적 삶과 죽음 그리고 부활사건으로부터 비롯된 종교이다. 그리스도교는 희랍사상과 만나 새로워졌고, 바울과 어거스틴을 통해 더욱 체계화되고 교리화教理化되었으며, 그로 인해 보편적이며 세계적인 종교로서 발돋움하게 되었다.

그러나 2천 년을 경과하는 동안 그리스도교는 다양한 형태로 발전되어 왔다. 1054년 성령론聖靈論 문제, 곧 성령이 성부 하느님으로부터 나오는가, 성자인 그리스도로부터 나오는가 하는 소위 휠리오퀘Filioque 문제로 인해 동방교회와 서방교회가 분리되었다. 이후 서방교회 내에서는 16세기 말 루터의 종교개혁을 통해 로마 가톨릭교회와 개신교改新教(Protestant)로 갈라지게 되었고, 현재 그리스도교는 두 모습으로 존재하고 있다.

가톨릭교회는 중세기 토마스 아퀴나스에 의해 정초定礎된 '아날로지아 엔티스Analogia Entis', '존재유비存在類比'라는 신학 원리를 근간으로 하는데, 초자연과 자연, 복음과 문화, 기독교와 이웃 종교 간의 이원적 분리를 강조하지 않고 양자 간의 본질적 유사성을 긍정하는 이론을 지지하고 있다. 초자연은 자연을 부정하거나 폐기하지 않고 오히려 완성한다는 것이 그 핵심 요지이다. 따라서 신과 대극적 관계에 있는 인간의 이성, 양심 등도 역시 자연적 은총으로 강조하고 있다.

반면 개신교改新教는 '아날로지아 피데이Analogia Fidei', 즉 '신앙유비信仰類比'를 신학적 원리로 채택하고 있는바, 가톨릭과 달리 초자연과 자연 간의 비연속성非連續性을 강조한다. 다시 말해 자연 그 자체는 철저하게 타락되어 있으며, 오로지 예수 그리스도에 대한 신앙 안에서만 하느님과 인간 간의 관계회복이 가능하다는 이론인 것이다. 그렇기에 인간의 이성·양심을 자연적 은총이라 긍정하기보다는 타락된 본성의 실체라 여기며, 예수 그리스도의 특별계시를 통해 구원받아야 할 실체라 여기고 있다.

이로써 이후 개신교 내부에서는 신앙의 주체적 측면이 더욱 강조됨으로써 ≪성서≫를 자유롭게 해석할 수 있게 되었고, 그로 인해 많은 교파들이 생겨나게 되었는데, 루터교회, 개혁 장로교회(칼빈), 감리교회(존 웨슬리), 침례교회, 회중교회 등이 그 모습들이다. 이외에도 가톨릭교회 내의 정치적 갈등으로 생겨난 영국 성공회를 비롯하여 종교개혁 전통을 공동 지반으로 하는 성결교, 구세군 등이 각기 교리적 강조점을 달리하여 그리스도교의 한 분파로서 자신들의 교세를 확장하고 있다.

그러나 이러한 교리教理적 다양성 이외에도 프랑스와 독일을 비롯한 유럽 국가들에게서 볼 수 있는 국가교회(Volkskirche)의 형태, 곧 교회를 국가에 귀속시키는 경우들이 존재했었다. 오늘날 아시아 및 아프리카 지역에서 일어나고 있는 카리스마 운동 및 소위 오순절 교회 – 한국의 경우 순복음 교회 – 등이 또한 그리스도교의 새로운 모습으로 이해되는 실정이다. 이들 교회들은 모두 미국의 경우처럼 자유교회(Freiwilligkeitskirche)로서 존재한다.

이러한 여러 가지 형태의 그리스도교는 오늘날 다소 도전 받고 있기는 하지만 "그리스도교회 밖에는 구원이 없다.(extra ecclesian nulla salutis)"는 신조信條에 근거하여 그리스도교의 배타성, 유일회성唯一回性을 강조하고 있다.

이처럼 그리스도교 내의 다양성과 복잡성에 직면하게 된 세계교회는 다시 여러 교파들 간의 통일성 및 일치에 관심을 기울이게 되었고, 그러면 그럴수록 무엇이 그리스도교의 근원적 핵심인가를 심도 있게 묻지 않을 수 없었다. 이에 대한 답은 처음에 정의하였듯이 역사적 예수에 대한 물음과 직결된다.

그러나 그리스도교가 희랍화되는 과정에서 역사적 예수는 유다교에 낯선 존재론적 특성을 갖게 되었고, 그로써 타종교와 구별되는 특별계시의 종교로서 정형화되어 갔다. 다시 말해서 역사적으로 현존現存했던 예수가 바로 하느님 그 자체라는 '성육신成肉身' 교리敎理가 전면에 나선 것이다. 여기에 예수의 부활을 증언했던 초대 그리스도교회의 고백이 큰 역할을 담당했던 것도 사실이다.

그러나 최근 특별계시의 사건으로서 예수를 존재론적으로 이해하려는 시도보다, 그리스도교의 원原 자료로서 역사적 예수에 대한 사실적 관심이 증폭되고 있다. 이를 일명 '아래로부터의 그리스도론'이라 부르는바, 예수는 단순히 존재론적 실체만이 아니라 역사적인 존재였고, 그에 의해 선포된 복음 역시 ≪구약성서≫를 비롯한 후기 유다교의 영향 속에 있는 것이며, 더욱 그의 존재 및 복음이 사도 바울 등에 의해 희랍적으로 해석되고 언표言表되었음이 밝혀졌던 것이다.

따라서 원시 그리스도교란 총체적으로 보아 당대의 복합적 세계 현상으로부터 생겨난 역사적 종교로서 이해하지 않을 수 없게 되었다. 이로부터 우리는 그리스도교의 뿌리가 되는 당대의 핵심적인 사상들로 ≪구약성서≫, 후기 유다교 그리고 영지주의靈智主義[1])를 비롯한 헬라 철학 등을 들 수 있을 것이다.

2. 그리스도교의 역사적 출처出處 : 역사적 종교로서의 그리스도교

무엇보다 먼저 그리스도교는 ≪구약성서≫에 증언되고 있는 한 분이신 야훼Yahweh 하느님 이해를 발전시켜 나갔다. B.C. 1000년경 다윗왕국 시대에 이르러 다른 신神들을 전혀 인정하지 않고 유일신唯一神 사상을 전개시킨 이스라엘 내의 예언자 집단들은, 자신들의 신神이 다음의 세 영역, 곧 창조, 율법, 그리고 역사 속에서

1) '영지주의'는 초기 기독교와 대립하던 당시 사조로서 영육 이원론의 토대하에 예수 신체성(몸)을 거부했고 창조질서를 악한 신의 결과물이라 폄하했다. 이런 이유로 기독교는 영지주의의 영향을 차단하는데 주력했다. 그럼에도 불구하고 기독교 성서 내에 영지주의적 요소가 삽입되었다.

계시되고 활동하신다는 믿음을 갖게 되었다.

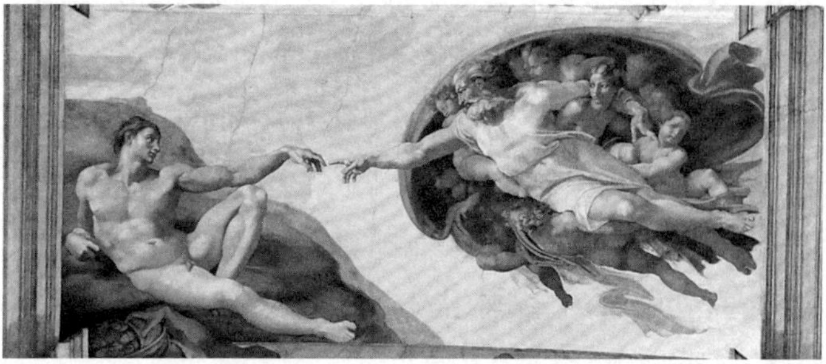

아담의 창조 Creation of Adam(시스티나 성당 천장화)
미켈란젤로 부오나로티 Michelangelo Buonarroti

우선 창조創造란 이스라엘 민족에게 있어서 창조주에 대한 모든 피조물들이 전적全的으로 의존됨을 의미한다. 즉 세계란 인간의 합리적 사유思惟로 다가갈 수 있는 객관적인 우주 자연과 같은 것이 아니고, 오히려 세계로부터 초월하신 야훼에 의해 의미 충만하게 만들어진 것으로 고백告白하는 것이다. 물론 이스라엘 사유는 현실 세계 내의 고통과 불행 그리고 악惡의 문제를 도외시度外視하지 않는다. 자연경과 속에서 생겨나는 모든 종류의 악惡과 불행不幸 역시, 인간이 창조주 하느님으로부터 멀어지고 그와 더불어 반목反目하였기 때문에 생겨나는 현상으로 이해하였을 뿐이다.

이를 위해 ≪구약성서≫는 태초太初에 야훼 하느님이 자신의 백성인 이스라엘과 계약을 맺고 그 징표徵標로 율법律法을 주셨다고 말한다. 하느님의 사랑에 근거, 일방적인 계약이 이루어짐으로써 이스라엘은 하느님의 창조세계를 다시 회복하고 재건再建하는 약속의 백성이 될 수 있었던 것이다.

약속의 존재로 선택받은 표시가 바로 모세를 통해 주어진 율법 및 십계명十誡命인데, 이 율법은 본질상 거룩하며 의義롭고 선善한 것으로서 삶(생명)의 보호를 목적하는 행위行爲인 것이다. 이처럼 자연세계가 하느님의 통치영역이고 동시에 인간의 책임과 관계되는 영역인 한, 세계는 이스라엘 민족에게 있어서 근본적으로 역사로서 이해된다. 따라서 하느님의 본래적인 지배영역은 자연自然이 아니라 역사歷史라는 믿음이 생겨났다.

그러나 이러한 역사는 영원한 동일법칙에 의해 지배되지 않고 미래지향적이며, 궁극적으로는 하느님에 의해 숨겨진 목적目的으로 인도된다. 즉 이스라엘 민족은 역사의 종국終局에 대한 종말론적 소망을 갖고 있었던바, 특별히 출애굽 사건 속에서 이러한 직선적인 시간 사유를 첨예하게 인식할 수 있다.

결국 한 분이신 초월적 하느님이 창조, 율법, 그리고 역사 속에서 자신을 계시啓示하고 인간은 이 속에서 야훼 하느님을 인식하게 되며, 이들에게 있어서 하느님 인식이란 신적神的 본질이 아니라 그의 의지(Wille)에 대한 깨달음이었다.

바로 이러한 이스라엘의 하느님은 당신의 뜻이 이 땅에서 이루어지기를 기대했으며, 그 뜻에 따라 전적으로 십자가를 졌던 예수의 하느님과 다르지 않았다. 예수가 율법을 폐하러 온 것이 아니라 완성하러 왔다고 하는 것이나, 자연과 역사 속에서 하느님의 통치統治가 이루어지고 있다고 믿었던 사실도, 모두 ≪구약성서≫와의 연관성 속에서 이해될 수 있는 부분이다.

다음으로 복음서의 중심을 이루는 예수의 임박한 하느님 나라 사상을 후기 유다교의 묵시문학默示文學 전통과의 관계 속에서 생각해볼 수 있어야 한다. B.C. 586년 바벨론의 포로기에 접어든 이스라엘 민족은 국가의 자존심自尊心을 상실한 채 제한적으로 보장된 종교의 자유를 누릴 수 있었다. 왕권 지배 이데올로기가 무너져버리고 이방인의 지배 하에 놓인 이스라엘은 자신의 정체성正體性을 안식일의 성전제의聖殿祭儀에서나 찾을 수 있었을 뿐이다.

그러나 B.C. 2세기 무렵 바벨론, 페르시아를 거쳐 희랍의 지배 하에 놓이게 됨으로써 더욱 혹독한 압제와 핍박을 경험하게 되자, 이스라엘 민족은 역사의 미래에 대한 희망希望을 포기할 수밖에 없었다. 역사를 믿고 신뢰하기에는 그들이 당하는 현실적인 고통苦痛이 너무나도 컸기 때문이다. 이로부터 이스라엘은 포로 이전 시대와는 달리 역사초월적인 하느님 나라의 도래到來를 기다리게 되었다. 즉 역사 내적인 종말론이 역사초월적 묵시론으로 발전되어 진 것이다.

그러나 이러한 묵시론적 종말에 대한 기대는 단지 국가적, 민족적 차원의 메시아 왕국을 그 본질로 삼지 않으며 오히려 우주적 종말론, 곧 어둠이 지배하는 현세계가 빛의 세력에 의해 완전히 정복된다는 새로운 차원의 창조론을 근간根幹으로 하고 있는 것이다. 자신들의 억압된 현실을 악惡의 세력이 최고 절정에 달하는 시점으로 이해했던 당시 묵시론자들은 마지막을 알리는 시대징조로서, 태양이 밤처럼 어둡게 되고 달이 낮에 뜨며 물이 사방四方에서 요동한다고 적고 있다. 이러한 우주적 종말론의 형성은 바벨론 및 페르시아 지역으로부터 습득한 우주적 창조신화의 영향이 있었기에 가능했다.

죽은 자들의 부활사상이 생겨난 것도 바로 이 시점에서이다. 구약성서학자 폰 라드 Von Rad는 묵시문학의 신학적 특성으로서, "종말론적 이원론으로서의 두 시대, 즉 현재와 다가올 시대가 완전히 구별되며, 완전한 초월주의로서 다가올 시대의 구원 은총이 천상天上 세계에 이미 선재先在하며 그것이 지상으로 도래到來하게 된다." 고 설명한다.

바로 묵시론자들은 역사를 초월한 새로운 시대(Eon) 곧 우주적 종말을 가져올 천상의 구원자를 '인자人子'로 고백하였던바, 〈다니엘〉, 〈에제키엘〉을 비롯한 후기 유다교 묵시문학서 내에 이런 표현表現들이 발견되고 있다. 바로 이러한 인자 사상과 예언자 전통에서 전승된 메시아 사상이 함께 결속되어 ≪신약성서≫ 공관복음서共觀福音書 내에 언표되고 있는 것이며, 예수의 임박한 하느님나라 선포 역시 이러한 후기 유다교의 묵시문학 배경하에서 설명될 수 있는 부분이다. 그렇기에 케제만 E. Ksemann 같은 성서신학자는 묵시문학이 그리스도교 신학의 모체母體라고까지 말할 수 있었던 것이다.

그럼에도 나중에 언급하겠지만 ≪신약성서≫ 속의 예수 선포를 임박한 종말을 말한 묵시론자의 틀 속에서만 볼 수 없는 측면도 있다. 예수 선포 속의 우주적 종말은 기다림의 영역으로만 남겨놓은 것이 아니라, 지금 현존現存하는 인간들 속에서 하느님 지배가 실현되어야 한다는 종말의 현실화가 강조되고 있기 때문이다.

마지막으로 언급되어야 할 것은 예수의 복음이 사도 바울을 통해 희랍적이며 영지주의적 색채를 띠게 되었다는 사실이다. 그리스도교가 팔레스타인 유다교를 넘어 희랍 및 로마 세계로 확장되고, 그곳에 그리스도교 공동체共同體를 설립 가능하게 했다는 점에서 바울의 공헌은 결코 적지 않다. 그러나 그리스도교 신앙이 희랍의 정신세계 속으로 들어감으로써 청자聽者들에게 이해되고 납득될 만한 새로운 언어와 개념체계를 필요로 했다는 점 또한 평가評價되어야 할 부분이다.

즉 헬레니즘화된 그리스도교는 자신의 특성을 더 이상 임박한 종말 기대를 통해서 나타낼 수 없었다. 희랍세계가 하느님의 초월성 대신에 정신의 초월성을, 미래의 초월성이 아니라 무시간적인 이념세계의 영원성을 강조했기 때문이다. 따라서 인간의 세계 내 실존을 종말론적으로 이해하지 않고 제의적祭儀的 경건성(예배의식)을 통하여 특징짓고 있었던 것이다.

따라서 이들에게는 '인자人子'라고 하는 묵시문학적 주제가 핵심으로 부상되지 않았으며, 또한 메시아의 헬라어 번역인 그리스도christo가 다가올 시대의 왕으로 나타난다고 하는 사실도 낯설 수밖에 없었다. 오히려 제의祭儀 행위 속에서 공경과 섬김의 대상이 되는 신적 존재로서 주님(Kyrios)이란 개념이 바울신학 속에 더 선호

選好되었던 것이다. 이런 연유로 바울신학 속에는 예수가 선포했던 하느님 나라 대신 예수 자신이 신앙의 대상으로 자리잡았고, 영육이원론靈肉二元論을 근간으로 하는 희랍적 사유방식으로 인해 히브리적인 몸의 부활사상이 신령한 몸의 부활로 애매하게 언표되었으며, ≪구약성서≫가 강조했던 율법의 세계를 육肉, 곧 자연(타락)의 영역으로 평가절하시켰음을 볼 수 있다.

이상에서 보았듯이 예수의 죽음과 부활로 인해 시작된 원시 그리스도교(Urchristentum)는 하느님의 초월적 계시로서 다른 여느 종교들과 다른 전제와 출발점을 갖고 있었던 것이 아니다. 오히려 역사 속에서 – 즉 유다교는 물론 헬레니즘, 페르시아 종교 등의 영향 – 생겨난 종교 혼합적 현상으로 이해할 수 있는 것이다. 이러한 종교 혼합적 현상은 결코 부정적인 의미로 평가될 수 없고, 오히려 종교의 역사적 발전 과정에서 생겨날 수 있는 필연必然적인 것으로 이해해야만 한다.

성서신학자 불트만 R. Bultmann은 원시 그리스도교 내의 종교 혼합적 특징을 다음과 같이 정리하고 있다. 첫째, ≪성서≫에는 하느님의 선善한 창조로서의 세계(마태 6 : 26 이하)와 사탄의 지배영역(고후 4 : 4), 또는 부정되어야 할 어둠으로서의 영지주의적靈知主義的 세계 이해(요한 5 : 24)가 공재共在해 있다. 둘째, 예수의 형태가 후기 유다교 묵시문학적 표상表象으로, 때로 제의적으로 공경된 주님으로서, 어느 경우에는 하늘로부터 내려 보내진 선재先在하는 구세주로 묘사되고 있다. 셋째, 교회가 구약적 의미의 아브라함 자손으로, 또는 성례전을 통하여 참여하게 되는 그리스도의 몸으로 각기 다르게 설명되고 있다.

이로써 그리스도교는 이스라엘 민족 중심의 유다교 테두리를 넘어 보편종교普遍宗教로서 역사 속에 출현할 수 있었다. 선민의식選民意識과 그들의 역사적 실패, 그리고 메시아니즘에 대한 민족적 기대는 유다교를 이스라엘 민족의 지평地平 속에 함몰시켰다. 그러나 이후 주변 종교들과의 창조적인 지평 확장을 통하여 예수 그리스도를 새롭게 이해하고 해석하게 됨으로써, 그리스도교는 세계적인 종교로서 모든 민족들이 신앙하는 보편적 신앙체계로 발전할 수 있게 된 것이다.

지금까지의 내용은 다른 종교들, 주변 사상들과의 관계 속에서 외적外的으로 살펴본 그리스도교에 대한 논술論述에 불과하다. 이와 동시에 우리는 그리스도교의 내부에서 그의 본질本質이 어떻게 설명되고 있는지, 다시 말해서 그리스도교의 실존적인 자기 증거에 대해 생각해볼 필요가 있다.

3. 그리스도교의 본질本質과 자기 정체성正體性

먼저 여기에서 예수의 선포 속에 담겨 있는 전적全的으로 새로운 것이 무엇인가를 생각해볼 필요가 있다. 지금까지 살펴본 대로 이스라엘의 하느님은 예수의 하느님이기도 했고, 그래서 그는 하느님에 대해 복종과 신뢰를 다 바쳤다. 그는 율법律法의 존귀함을 알았으며 하느님과 이웃 사랑의 계명을 스스로 증명해 보일 수 있었다. 그리고 그분은 옛 시대를 마감하며 새 시대를 기다리면서 사셨던 묵시적 존재이기도 했다.

그렇다면 그리스도교의 본질에 속하는 것이 예수의 삶 속에서 어떻게 표현되고 있는가? 예수 선포 속에 담겨 있는 전적으로 새로운 것은 그가 이 땅 위에서 하느님의 왕적통치王的統治의 시작으로서, 새 시대 도래의 징표徵標로서 자신이 현現 세계 속에 왔음을 증거하고 있다는 사실이다. 즉 예수는 구약예언자들의 기대와 희망을 완성시키는 존재로서 스스로를 이해하고 있었던 것이다.

일반적으로 결혼예식이란 히브리인들의 의식구조에 있어서 메시아 구원의 시작을 알리는 가장 오래된 비유이자 상징인 것인데, 예수는 "신랑新郞이 너희들과 함께 있는 동안 너희들은 금식禁食할 필요가 없다."고 말함으로써 지금이 바로 구원이 시작되는 시점인 것을 선포하기 시작하였다. 또한 병을 고치기 위해 오는 병자에게 "네 죄罪가 사赦하여졌다."고 용서容恕를 선포함으로써, 하느님의 자비로운 권능이 그 자신을 통해 행사되고 있음을 알리고 있는 것이다.

이로써 예수는 하느님을 거역하는 죽음의 세력에 사로잡힌 인간들을 자유로이 해방시키려 했던 분임을 알 수 있다. 예수의 죽음은 하느님을 거역하는 모든 세력으로 인한 죽음이며, 그의 부활은 그에 대한 승리, 곧 부활의 사건으로서 복음서는 예수의 삶과 죽음을 이해하고 있다. 물론 예수는 이러한 죽음의 세력에 대한 자신의 승리로 인해, 이런 싸움 자체가 완전히 종결終結될 수 없다는 사실을 알고 있었다. 그래서 마지막 궁극적 승리는 자신의 재림再臨과 함께 이루어질 것임을 말한 것이다.

그렇기에 그리스도의 재림 때까지 모든 그리스도인들은 세상을 구원하러 오신 예수의 복음을 온 세계에 증거하고 전파해야 할 책임과 사명使命을 갖게 된다. 따라서 예수는 자신 외에는 하느님을 알 수 있는 자가 아무도 없다고 말함으로써, 모든 사람들이 확실하게 자신을 따르고 그 속에서 하느님 백성으로서 참된 평안을 얻을 수 있다는 소망을 심어주려고 했던 것이다. 복음서를 통해 예수에게 붙여졌던 수많은 명칭들, 다윗의 아들, 하느님의 독생자獨生子, 주님, 구속주救贖主, 성육화成肉化된 로고스Logos 등의 표현은, 바로 예수가 자신의 동시대同時代 사람들에게 어떻게 영향력을 끼쳤던가를 말

아기에 대한 경배 Adoration of the Child
안토니오 꼬레지오 Antonio Correggio

해주는 대목이다.

그러나 그리스도교의 복음을 헬라와 로마 지역으로 전파한 바울을 비롯한 사도들에 의해, 이러한 하느님의 구속사救贖史는 더 이상 이스라엘 민족의 경험적 역사 내에 머무르지 않았고, 예수의 십자가와 부활 사건으로 비롯된 신앙 공동체 속에서 이어지고 있음이 언표되고 있다. 구원하시는 하느님의 은총은 특정한 역사적 민족의 소유물일 수 없다는 확신 때문이다.

여기에서 하느님과 관계하는 인간 개개인의 구체적 실존이 강조될 수 있었다. 오로지 인간은 믿음으로 인하여 죄와 죽음으로부터 자유롭게 될 수 있을 뿐이다. 믿음 안에서는 희랍인, 미개인未開人, 종從이나 자유인自由人, 그리고 유다인의 민족적 구별이 존재할 수 없는 것이다. 따라서 그리스도교는 예수에 대한 믿음 안에서 종말적 사건이 역사적 사실로서 현재적으로 이루어지고 있음을 전적으로 새롭게 고백할 수 있었다.

그리스도에 대한 이러한 믿음은 하느님을 여전히 세계와 전적으로 구별되는 인격적이며 궁극적 신神으로서의 창조주로 고백하게 한다. 창조주 하느님은 세계로부터 구별되는 분만이 아니라, 세계 속에 있는 모든 피조물들의 궁극적 목적으로서, 세계 안에 자신의 존재를 알리시는 분이기도 하다. 이것은 하느님의 은총인바, 그리스도교 신앙은 바로 예수 그리스도 안에 이러한 비밀이 명확하게 밝혀져 있다고 고백하고 있다.

그러나 이러한 하느님의 은총은 예수의 죽음과 부활 이후에도 끊임없이 베풀어지고 있는데, 그리스도교 신앙은 이를 성령聖靈이라고 명명한다. 성령은 인간이 그리스도 안의 존재로서 세계 속에서 믿음을 지니고 살기에, 어려움과 난관에 봉착할 때 인간에게 위로와 용기를 주시는 하느님의 영靈인 것이다. 이러한 성령의 역사는 예수 그리스도의 재림과 더불어 우주적 종말, 곧 새로운 창조가 이루어질 때까지, 인간 세상 속에서 그 영향력을 갖게 된다.

바로 여기에서 그리스도교는 자신들이 증거하는 궁극적 실재를 삼위일체三位一體의 하느님(Trinity)으로 고백하고, 이를 삼위일체론으로 신조화信條化했던 것이다. 다시 말해서 창조주로서 자기 자신을 나타내는 아버지 하느님, 창조의 목적과 완성이 되며 영원한 말씀(Logos)인 아들 예수 그리스도, 그리고 신적인 충만함에 이를 때까지 모든 피조물을 감싸 안는 성령이신 하느님은, 서로 다른 세 종류가 아니라 한 분 하느님의 역동적인 세 가지 형태라고 하는 것이다. 이로부터 그리스도교는 삼위일체 되신 하느님을 교리신조敎理信條의 으뜸 원리로 자리매김하고 있는 것이다.

이처럼 삼위일체 되신 하느님의 은총 속에 주어진 인간 존재를 그리스도교 신앙은 '하느님의 형상(Imago Dei)'으로 정의한다. 이러한 하느님 형상으로서의 인간 존재는 전통적으로는 인간 속에 주어져 있는 초자연적 속성으로 이해되어 왔으나, 근자에는 하느님과 함께하는 미래를 위한 인간 존재의 목적 개념으로 재정의再正義하고 있다. 다시 말해서 하느님께서 당신의 피조물들에게 끊임없는 은총 행위를 실현하고 있듯이, 인간 역시 그에 상응하는 행위를 해야 한다는 다분히 동적動的인 의미로 수용되고 있는 실정實情이다.

스스로 자만하여 이러한 목적의식을 상실한 것을 그리스도교 신앙은 죄로 이해하였고, 이를 극복(인간 구원)하기 위해 그리스도에 대한 믿음(은총)이 요구된다고 역설力說한다. 이런 점에서 그리스도교 신앙은 인간이 자신의 구원을 받아들일 수도 있고, 또한 거부할 수도 있는 자유가 인간 자신에게 있음을 말하였다. 그러나 이러한 인간 자유 역시 하느님의 선행적先行的 은총 속에 있음을 고백하는 것이 그리스도교 신앙의 본질에 속하는 부분이다.

이러한 신앙을 지닌 사람들의 무리를 그리스도교는 에클레시아 Ecclesia 곧 교회教會라 명명命名한다. 교회는 구약성경의 성막聖幕이나 유다교의 회당會堂과는 달리 예수의 사역使役과 죽음, 부활에 응답하고 성령의 능력으로 하느님을 찬양하고 예배하기 위해, 또한 그로써 세상을 구원하기 위하여 모인 사람들의 공동체이다.

즉 교회는 세례 예식을 통해 성도들에게 믿음의 징표徵標를 갖게 하며, 성만찬聖晩餐을 통해 그리스도와 연합된 존재, 즉 하느님의 의義를 이루는 성도들로서 인간 존재 방식을 바꾸어놓는 곳이다. 또한 무엇보다 이곳에서는 하느님의 말씀이 선포되고 가르쳐지며, 이를 근거로 한 예배(제의祭儀) 행위가 이루어진다.

이를 위해 교회는 직제를 갖게 되었는데 설교와 성만찬을 집례하는 성직자聖職者, 가르치는 교사教師들 그리고 교회 공동체를 섬기며 봉사하는 평신도로서의 장로長老와 집사執事 등이 그것이다. 그러나 이들 직제들은 가치서열적이지 않으며 오히려 그리스도를 머리로 하는 몸으로서의 교회에 함께 참여하고 있을 뿐이다. 성직자들과 평신도 사이의 존재론적 차이가 없다고 보는 것이 종교개혁의 정신이기도 하다.

더욱이 오늘날 그리스도교 신앙은 교회 속에서 성령과 교제함으로써 다가올 새로운 삶과 기쁨을 미리 경험하게 되며, 그로써 세상에서 희망을 가져야 하는 분명한 이유를 제공할 수 있다고 믿는다. "누구든지 너희 안에 있는 소망의 이유를 묻는 자가 있거든 즉시 대답할 것을 준비하되 온유와 두려움으로 하라."(벧전 3 : 15)는 ≪성서≫ 말씀은 교회와 교회의 모든 구성원들이 감당해야 할 피할 수 없는 몫인 것이다.

모든 현실 교회는 다가올 하느님 나라 및 그의 종말론적 통치와 완전히 일치되지는 않는다. 그러나 교회는 여전히 하느님 지배의 표상인바, 그것을 예견하고 그것을 위해 일하지만 온전히 실현하지는 못한다고 고백해야만 하는 것이다. 그로써 수없이 다양한 교회 형태들이 존재하고 무수한 교회의 모습이 현존하기도 하지만, 그리스도교는 여전히 하나이며 거룩하며 보편적이며 사도적 교회에 대한 신조信條를 의지하고 확신할 수 있는 것이다.

≪신약성서≫ 시대 이후 그리스도교 신앙은 예수 그리스도가 계신 곳에 교회가 있다는 원칙을 존중해왔었다. 그렇기에 만약 교회의 진정한 권위가 없었다고 한다면 자신은 그리스도 신앙에 들어설 수 없었을 것이라는 성聖 어거스틴St. Augustine의 고백은, 오

늘날 우리들에게 진정한 교회의 권위가 무엇인지를, 오늘 우리 교회 안에 참된 권위가 내재하고 있는가를 반문하게 한다. 이런 물음 없이 '교회 밖에 구원이 없다.'는 그리스도교의 배타적 주장을 반복하는 것은 결코 의미를 갖지 못할 것이다. 교회 밖 구원의 부재不在를 말하기 전에 교회 안에서 구원이 진실로 발생하고 있는지를 물어야 한다는 것이다.

4. 그리스도교의 경전 이해와 그리스도교 신학의 과제

그리스도교 신앙은 매 시대의 역사적 물음과의 만남을 통해서 자신의 구체성과 사실적합성事實適合性을 얻게 된다. 교의적敎義的으로 진술된 신앙 내용이 중요한 것만큼이나, 현실세계와 적합한 대화를 시도하는 일 역시 그리스도교 신앙의 본질에 속하는 부분이다. 그리스도교 신앙은 항시 자신의 진리를 담을 형식이 필요하며, 그 형식은 매 시대의 언어 및 세계관에 의존할 수밖에 없기 때문이다.

원시 그리스도교의 시대가 있었고, 헬레니즘 그리스도교 시대가 있었으며, 이는 또한 중세의 로마 가톨릭교회로 이전되어 갔다. 그로부터 종교개혁 신학이 생겨났으며 이 또한 19세기의 자유주의 신학 모형으로 발전되었고, 20세기 접어들어 그에 대한 반동反動으로 변증법적 신학이 도래하였다.

그렇기에 우리는 그리스도교의 역사란 매 시대를 성실히 살아온 자신들의 역사관계적 물음의 소산所產인 것을 부정할 수 없다. 따라서 우리는 그리스도교 신앙의 살아 움직이는 역동성을 위해서라도, 그리스도교의 출처와 배경이 되는 그의 경전에 대한 비판적 인식은 물론, 자신이 딛고 서 있는 역사적 구체성에 대한 이해를 상호관계적으로 통찰하지 않을 수 없는 것이다.

앞서 말한 대로 그리스도교는 역사적 종교로서 오랜 세월에 걸쳐 오늘의 모습을 드러냈으며, 그리스도교의 경전인 ≪성서≫ 역시 한 순간의 신적 계시의 산물이 아니라 수많은 역사 자료들의 편집 선택 과정을 통해 정경화正經化된 것이다.

≪구약성서≫만 하더라도 B.C. 10세기의 다윗·솔로몬 왕조시기, 곧 이스라엘 전성기에 쓰인 야훼(J) 문서와 B.C. 586년 이후 바벨론 포로기 하에 쓰인 제사장(P) 문서, 그리고 두 문서 사이에 쓰인 엘로히스트(E) 문서, 또한 〈신명기〉로 그 내용이 국한된 신명기(D) 문서 등이 있는바, 각기 다른 방식으로 전승된 이들 문서들이 B.C. 4세기 요시아 왕 시절의 신학자에 의해 오늘의 형태로 편집되었던 것이다.

몇 백 년이란 시공간적 차이 속에서 생겨난 문서들은 저마다 당면하고 있는 역사적 상황이 달랐기에 신학적 근본 주제 역시 다르게 표현하였다. 강력한 왕권 지배 이데올로기의 확립을 위해 타민족과의 종교적 문화적 습합을 거리낌 없이 행하고 있는 다윗과 솔로몬 시대의 사람들을 향해, 야훼 문서 기자들은 인간의 죄와 타락 그리고 그에 상응하는 하느님의 전적인 은총을 강조하게 되었다. 또 포로기에 쓰여진 제사장 문서는 타민족의 정치적·종교적 지배 하에서 이스라엘 민족의 정체성을 지켜내기 위하여 안식일에 신학적 의미를 둘 수밖에 없었던 것이다.

더욱이 제사장 문서에 의해, 이스라엘 민족의 하느님 신앙은 출애굽기 사건에 의존하는 역사 신앙으로부터 우주적 차원으로 그 지평이 확대되었고, 그로써 야훼 하느님은 우주 만물의 창조주로 고백될 수 있었다. 그렇기에 그리스도교 경전을 이해하고 해석할 때 이러한 역사적 맥락을 무시한 채, 문자적으로 혹은 개인 구원을 위한 사적私的 신앙 문서로 취급하는 것은 경전을 곡해하는 것이 된다. 구약 경전은 천 년에 걸친 오랜 역사적 상황 속에서 다양한 형태들, 예컨대 비유, 역사서, 기도문, 찬양시讚揚詩 등으로서 천 년에 걸친 오랜 상황 속에서 다양한 형태의 신학적 교리문답서의 양식을 입고 있기 때문이다.

≪신약성서≫의 경우를 보더라도 마가복음서에 기록된 예수 이해와 누가·마태복음서의 그리스도론이 다르며, A.D. 1세기 경 가장 늦게 기록된 요한의 증언이 서로 상이하다. 세례 요한에게서 세례를 받은 이후 예수의 자의식 속에서 하느님의 아들임이 자각되었음을 말하는 마르코, 유다 민족의 혈통 속에서 유다인으로서 유다인의 구원을 위한 예수를 강조한 마태오, 그리고 예수를 하느님과 함께 선재先在했던 로고스로 언표한 요한의 희랍화된 그리스

도론이 각기 차이를 보이는바, 이것 역시 ≪성서≫ 기자들의 각기 다른 삶의 정황으로부터 비롯된 결과인 것이다.

그러나 이런 차이에도 불구하고 이들 모두는 예수 그리스도의 삶과 죽음이 인간을 죄와 죽음으로부터 해방시키는 하느님의 사랑에 대한 증언으로서 이해하는 데 이견異見이 없는 것도 분명한 사실이다.

참고로 신·구약성서의 구성내용을 소개하면 다음과 같다. 먼저 ≪구약성서≫는 39권으로 되어 있는데, 모세 오경五經으로 불리는 〈창세기〉·〈출애굽기〉·〈레위기〉·〈민수기〉·〈신명기〉, 역사서로 분류되는 〈판관기〉·〈역대기상〉·〈역대기하〉·〈열왕기상〉·〈열왕기하〉·〈사무엘상〉·〈사무엘하〉 예언서로 분류되는 〈아모스〉·〈호세아〉·〈이사야〉·〈미가〉·〈예레미야서〉, 그리고 성문서 일명 지혜문학서로 명명되는 〈시편〉·〈잠언〉·〈전도서〉·〈아가〉·〈룻기〉·〈욥기〉, 마지막으로 묵시문학의 장르로서 민중들의 메시아 열망을 담고 있는 〈다니엘〉·〈에제키엘〉·〈즈가리야〉·〈미가〉 등이 있다.

≪신약성서≫는 27권으로 되어 있는데 예수의 말씀을 담은 〈마태오의 복음서〉·〈마르코의 복음서〉·〈루가의 복음서〉와 바울서신으로 분류되는 〈로마인들에게 보낸 편지〉·〈갈라디아인들에게 보낸 편지〉, 그리고 바울의 제자들에 의해 기록된 제2바울 서신인 〈데살로니카인들에게 보낸 첫째 편지〉·〈데살로니카인들에게 보낸 둘째 편지〉·〈골로사이인들에게 보낸 편지〉·〈에페소인들에게

보낸 편지〉·〈히브리인들에게 보낸 편지〉, 그리고 예수제자들의 행적을 기록한 〈사도행전〉, 또한 요한학파의 문서로 일컬어지는 〈요한의 복음서〉· 〈요한의 첫째 편지〉·〈요한의 둘째 편지〉·〈요한의 셋째 편지〉 그리고 제도화 되어가는 교회의 모습을 담은 〈야고보의 편지〉·〈베드로의 첫째 편지〉·〈베드로의 둘째 편지〉·〈유다의 편지〉·〈디모데오에게 보낸 첫째 편지〉·〈디모데오에게 보낸 둘째 편지〉·〈디도에게 보낸 편지〉 등이 있다.

이러한 맥락에서 현금現今의 그리스도교는 이제 자신들이 직면하고 있는 구체적인 역사적 물음으로부터 성서(Text) 자체를 새롭게 해석해야 할 신학적 과제에 직면하게 된다. 오늘의 그리스도교가 직면하는 구체적 상황은 무엇이며 그로부터 비롯된 새로운 경전 해석은 어떤 형태를 띨 수 있을까?

우리가 아는바 ≪성서≫가 쓰여질 당시 오늘의 그리스도인들이 경험하는 생태학적 위기상황은 없었고 성적性的 소수자에 대한 인식도 부재不在했으며 오늘처럼 여성해방 인식도 없었고 빈부의 격차 역시 오늘처럼 양자의 간격이 극에 달하지는 않았다. 또한 고대 근동지방의 비슷한 종교 유형들과는 질적으로, 세계관적으로 구별되는 불교, 힌두교 등의 아시아 종교들과 그리스도교의 구체적 만남도 우리 시대의 주요 특징 중의 하나이다. 더군다나 생명공학의 발전으로 동물과 식물의 간격이 폐기되고, 유전자 조작으로 생명체의 다중적 복사가 가능해졌으며, 장차 모든 생명체가 땅을 떠나 공장에서 만들어진 상품으로 전락해버릴 위기에 놓여 있는 상황이다.

이러한 상황에 직면하여 ≪성서≫를 새로운 눈으로 읽어내려는 시도가 생겨났는데, 이것은 종래의 신학적 사유思惟로는 상상할 수도 없는 영역이다. 이러한 물음을 주제로 삼아 주목받는 성서해석 방법들로서는 크게 사회학적 성서해석, 여성해방적 성서해석, 생태학적 성서해석, 그리고 종교신학적 성서해석 등이 있다.

사회학적 성서해석이란 가난한 자의 눈으로 ≪성서≫ 본문을 읽고자 하는 것으로, 신학에 있어서 당파성 문제를 야기시키고 있다. 여성해방적 성서해석이란 ≪성서≫를 가부장적家父長的 문화권 속에서 쓰인 여성억압 문서로 규정하고, ≪성서≫의 본질을 이루는 하느님의 해방 사건을 여성의 눈으로 읽어보려는 급진성을 띤다. 여기서도 여성 경험의 인식론적 특권이 말해지고 있다.

생태학적 생명신학적 성서해석은 하나밖에 없는 지구의 사실적 종말 위기에 직면하여, 종래의 신학 전통이 현금의 생태학적 위기에 직간접적인 책임이 있음을 혹독하게 비판한다. 따라서 구속사救贖史 중심, 인간 중심의 신학체계로부터 자연 및 창조신학으로 강조점이 바뀌어져야 한다고 주장하는 것이다.

종교신학적 성서해석은 전통 그리스도교가 생각해 왔듯이 ≪성서≫가 타종교 및 이웃 신앙인들에 대해 배타적이지 않으며, 이들 역시도 얼마든지 하느님의 지평 안에 합류될 수 있다고 주장한다.

이상과 같은 신학적 물음들은 분명 20세기 말이라는 현대적 정황 속에서 생겨난 주제들이다. 그리스도인들은 이러한 신학 주제들을 자유주의적인 것이라 정죄定罪해서는 안 된다. 오히려 이런 신학적 노력은 교회 안에만이 아니라 전 세계 안에서 하느님을 새롭게 말할 수 있고, 더욱 그리스도교적 소망의 이유와 근거를 명백히 하기 위한 값진 것이다. 그렇기에 사목적司牧的으로 아무리 정당해도 신학적으로 틀린 것이 있을 수 있으며, 신학적으로 아무리 옳아도 현실상 목회적으로 수용되기 어려운 부분들이 있음을 상호 긍정하면서, 어느 한편으로 모든 것을 강제로 수렴시키려는 억지를 부리지 말아야 할 것이다.

현실적으로 보아 그리스도교 교회만큼 변화가 더디고 변화를 두려워하는 곳은 없다. 그러나 이런 신학 주제들이 사목적으로 수용되고 반영될 때, 점점 침체되고 있는 교회가 새로운 활기를 찾게 되고 선교 지평이 넓게 확장되어갈 것이다. 위기는 항상 기회를 동반하기 때문이다. 그리스도교는 오늘과 같은 다양한 현실에 직면하여 오히려 자신을 새롭게 변화시킬 기회로 삼아야 한다는 것이다.

이 과정을 거쳐 세상을 구원할 새로운 보편가치를 추구하는 것을, 세상은 지금 교회에게, 그리스도교에게 기대하고 있는 것이다. 비록 현실은 이와 반대의 길을 가는 그리스도교이긴 하지만, 하느님의 도우심으로 그리스도교가 제 길을 찾을 것이라 믿고 기도하는 이들이 적지 않아 아직은 희망적이다.

제2장

궁극적 실재

전지전능하신 그리스도 Christ Almighty
빅토르 바스네초브 Viktor Vasnetsov

그리스도교에 있어서 궁극적 실재實在는 야훼 하느님을 일컫는다. 본래 야훼 하느님은 이스라엘 민족의 부족신部族神들 중의 하나였다. 그러다가 다른 신들을 부정하는 배타적 존재로서 고백되었으나 ≪신약성서≫ 시기로 접어들면서 유일唯一하신 하느님의 보편적 특성이 전면에 나타나게 되었다. 그리스도교가 고백하는 궁극적 실재는 지금 민족과 국가, 성性과 이데올로기를 초월하여 보편적으로 존재하는 한 분이신 하느님이다.

이러한 하느님은 이스라엘 백성들과 맺은 계약에서, 그리고 더욱 예수 그리스도 안에서 자신을 나타내셨고, 이에 대한 증언이 ≪구약성서≫와 ≪신약성서≫에 기록되어 있다. ≪성서≫ 증언에 근거하여 그리스도교는 자신의 하느님 이해를 얻을 수 있다. ≪구약성서≫는 출애굽 사건을 통해 이스라엘 민족의 구원과 해방을 위해 힘쓰시는 스스로 자족自足하신 분의 역사적 활동성과, 시내산에서 십계명이 주어진 이래로 계명과 율법을 통해 자신의 뜻을 알리는 하느님을 일차적으로 증거하고 있다.

또한 하느님은 우주 만물의 창조주로서 모든 생명의 근원자이며 따라서 피조물들과 전적으로 구별된 초월적 실재이다. 나아가 타락된 실재를 공의公義로 심판하여서 하느님의 평화가 이루어지는 메시아 왕국, 더 나아가 우주적 새로움이 펼쳐지는 종말을 이루시는 존재로 언표되어 있다.

≪신약성서≫에 증거된 하느님은 예수 그리스도의 역사적 삶과 죽음 그리고 그의 부활 속에서 정점을 이룬다. 다시 말해 예

수는 인간의 몸을 입으신 하느님 자신으로서 세계 속에 하느님 사랑을 온전히 실천하신 분이다. 그의 죽음과 부활은 그리스도교의 하느님이 작업가설作業假說로서 세계를 위한 필연적 존재만이 아니라, 현실 세계의 무상성無常性을 자신의 본질로 감싸 안으면서 그것을 무력화시켜, 궁극적 승리를 가져오는 만유萬有의 주主(Pantokrator) 됨을 가르친다. 더욱 다가올 재림주再臨主로서의 예수에 대한 고백은, 그리스도교 하느님이 마지막 때에 이르기까지 영靈으로서 활동하는 분임을 지시하고 있다.

십자가에 못 박힌 예수 Crucifixion
미켈란젤로 부오나로티
Michelangelo Buonarroti

그러나 그리스도교는 역사 초기에서부터 ≪성서≫의 하느님을 한 존재의 세 양태로서 이해하는 삼위일체론三位一體論을 자신의 궁극적 실재로 표상해왔다. 이는 세상을 구원하는 하느님 사랑의 역사가 원래 아버지라 불리는 분으로부터 오며, 아들된 존재의 세상을 향한 희생적 사랑(십자가)을 통해 인간적 방법으로 일어나고, 성령에 의해서 그리스도교인의 삶 속에서 현재적이며 생명력 있는 실재가 된다고 믿기 때문이다. 따라서 삼위일체이신 하느님은 세계의 궁극적 비밀로서 그리스도교가 고백하는 신神의 본질인 것이다.

1. 조상들의 하느님 '엘El'

≪구약성서≫에 나타난 하느님은 본래 이스라엘의 부족신部族神이었다. 이스라엘 민족은 자신들을 돌보아주고 자신의 민족을 염려하며 생사화복을 주장하는 신을 '엘'이라는 이름으로 명명하였다. 당시 '엘'로서의 하느님은 여러 신들 중의 하나였는데, 배타적 절대성을 띠고 있지 않았다. '엘'로서의 하느님은 이스라엘 민족이 역사화되는 과정에서 많이 나타나고 있는데 절대적 능력을 지닌 이스라엘 하느님을 뜻한다.

1) 영원하신 분

주여, 당신은 대대손손 우리의 피난처,
산들이 생기기 전,
땅과 세상이 태어나기 전,
한 옛날부터 영원히 당신은 하느님,

사람을 먼지로 돌아가게 하시며
"사람아, 돌아가라." 하시오니
당신 앞에서는 천 년도 하루와 같아,
지나간 어제 같고
깨어 있는 밤과 같사오니,
당신께서 휩쓸어 가시면
인생은 한바탕 꿈이요,
아침에 돋아나는 풀잎이옵니다.
아침에는 싱싱하게 피었다가도
저녁이면 시들어 마르는 풀잎이옵니다. 시편 90 : 1-6

2) 돌보아주시는 분

야훼의 천사天使는 다시 "너는 아들을 배었으니 낳거든 이름을 이스마엘이라 하여라. 네 울부짖음을 야훼께서 들어주셨다. 네 아들은 들나귀 같은 사람이라, 닥치는 대로 치고 받아 모든 골육骨肉의 형제와 등지고 살리라." 하였다.

하갈은 자기에게 말씀해주시는 야훼를 '나를 돌보아주시는 하느님'이라고 불렀다. 하갈이 "이런 데서 나를 돌보시는 하느님을 뵙다니!" 하고 말한 데서 그런 이름이 생긴 것이다. 그래서 그 샘터를 '라하이 로이'라고 불렀다. 그 샘터는 카데스와 베렛 사이에 있었다. 창세기 16 : 11-14

3) 지고至高의 존재

너희 만백성아, 손뼉을 쳐라,
기쁜 소리 드높이 하느님께 환호하여라.
야훼는 지존至尊하시고 지엄至嚴하시다.
온 누리의 크신 임금이시다.
우리 앞에 만민萬民을 무릎 꿇리시고
뭇 민족을 우리 발아래 두셨다.
당신의 사랑, 야곱의 자랑거리,
이 땅을 우리에게 손수 골라주셨다.(셀라)[2]
환호 소리 높은 중에 하느님, 오르신다.
나팔 소리 나는 중에 야훼, 올라가신다.
찬미하여라 하느님을, 거룩한 시로 찬미하여라.
찬양하여라 우리 왕을, 거룩한 시로 찬양하여라.
하느님은 온 땅의 임금이시니,
멋진 가락에 맞추어 찬양하여라.
하느님은 만방의 왕,
거룩한 옥좌에 앉으셨다.
세상의 통치자들을 한 손에 잡고,
끝없이 높으신 우리 하느님,
아브라함의 하느님, 그 백성과 더불어
뭇 나라의 영수들이 모여든다. 시편 47 : 1-9

---

2) 셀라는 하느님을 찬양한다는 히브리 표현이다.

4) 만유萬有의 주主, 전능자 하느님

그제야 모세와 이스라엘 백성은 다음과 같은 노래를 불러 야훼를 찬양하였다.

"나는 야훼를 찬양하련다.
그지없이 높으신 분.
기마騎馬와 기병騎兵을 바다에 처넣으셨다.
야훼는 힘 있게 나를 붙드시어
나를 살려주셨다.
내 하느님이시니
어찌 찬양하지 않으랴.
나의 선조의 하느님이시니
어찌 우러르지 않으랴.
야훼는 용사,
그 이름 야훼이시다." 출애굽기 15 : 1-3

5) 약속의 하느님

"이제 나는 너희와 너희 후손과 계약契約을 세운다. 배 밖으로 나와, 너와 함께 있는 새와 집짐승과 들짐승과 그 밖에 땅에 있는 모든 짐승과도 나는 계약을 세운다. 나는 너희와 계약을 세워 다시는 홍수로 모든 동물을 없애버리지 않을 것이요, 다시는 홍수로 땅을 멸하지 않으리라."

하느님께서 또 말씀하셨다.

"너뿐 아니라 너와 함께 지내며 숨 쉬는 모든 짐승과 나 사이에 대대로 세우는 계약의 표表는 이것이다. 내가 구름 사이에 무지개를 둘 터이니, 이것이 나와 땅 사이에 세워진 계약의 표가 될 것이다. 내가 구름으로 땅을 덮을 때, 구름 사이에 무지개가 나타나면, 나는 너뿐 아니라 숨 쉬는 모든 짐승과 나 사이에 세워진 내 계약을 기억하고, 다시는 물이 홍수가 되어 모든 동물動物을 쓸어버리지 못하게 하리라. 무지개가 구름 사이에 나타나면, 나는 그것을 보고 하느님과 땅에 살고 있는 모든 동물 사이에 세워진 영원한 계약을 기억할 것이다."
창세기 9 : 8-16

야훼께서 아브람에게 말씀하셨다.

"네 고향과 친척과 아비의 집을 떠나 내가 장차 보여줄 땅으로 가거라. 나는 너를 큰 민족民族이 되게 하리라. 너에게 복福을 주어 네 이름을 떨치게 하리라. 네 이름은 남에게 복을 끼쳐주는 이름이 될 것이다. 너에게 복을 비는 사람에게는 내가 복을 내릴 것이며, 너를 저주하는 사람에게는 저주를 내리리라. 세상 사람들이 네 덕德을 입을 것이다."
창세기 12 : 1-3

2. 출出애굽의 신神, 야훼Yahweh

이스라엘 민족이 이집트에서 포로 생활을 할 당시 그들은 자신들의 고통苦痛을 듣고 자신이 택한 백성들을 바로왕의 압제에서 해방시켜줄 하느님을 야훼로 고백하기 시작했다. 출애굽 사건은 이스라엘 민족에게 있어 역사의 시원始源이 되는바, 이후 어려운 민족적 시련이 생길 때마다 출애굽의 하느님, 야훼를 기억하고 그분만을 예배하였으며, 따라서 야훼는 자연스럽게 이스라엘 민족과만 관계를 맺는 배타적排他的 절대 존재가 되었다.

1) 스스로 존재하는 분

"지금도 이스라엘 백성의 아우성 소리가 들려온다. 또한 이집트인들이 그들을 못살게 구는 모습도 보인다. 내가 이제 너를 파라오에게 보낼 터이니 너는 가서 내 백성 이스라엘 자손을 이집트에서 건져내어라."

모세가 하느님께 아뢰었다. "제가 무엇인데 감히 파라오에게 가서 이스라엘 백성을 이집트에서 건져내겠습니까?"

하느님께서 대답하셨다. "내가 네 힘이 되어주겠다. 이것이 바로 내가 너를 보냈다는 증거證據가 되리라. 너는 나의 백성을 이집트에서 이끌어낸 다음 이 산에서 하느님을 예배하리라."

모세가 하느님께 아뢰었다. "제가 이스라엘 백성에게 가서 '너희 조상들의 하느님께서 나를 너희에게 보내셨다.' 하고 말하면 그들이 '그 하느님의 이름이 무엇이냐?'고 물을 터인데, 제가 어떻게 대답해야 하겠습니까?"

하느님께서는 모세에게 "나는 곧 나다." 하고 대답하시고, 이어서 말씀하셨다. "너는, 나를 너희에게 보내신 분은 '나다.' 하고 말씀하시는 그분이라고 이스라엘 백성에게 일러라." 출애굽기 3 : 9-14

2) 억압받는 자의 하느님

하느님께서 모세에게 말씀하셨다.

"나는 야훼다. 나는 아브라함과 이사악과 야곱에게 전능全能의 신으로 나를 드러낸 일은 있지만, 야훼라는 이름으로 나를 알린 일은 없었다. 또 나는 그들이 유랑민流浪民으로 몸 부쳐 살던 가나안 땅을 주기로 그들과 계약을 세웠다. 나는 이집트인들에게 혹사당하는 이스라엘 백성들의 신음 소리를 듣고, 내가 세운 계약을 생각하였다. 그러니 너는 이스라엘 백성에게 나의 말을 전하여라.

'나는 야훼다. 내가 너희를 이집트인들의 종살이에서 빼내고 그 고역苦役에서 건져내리라. 나의 팔을 펴서 무서운 심판을 내려 너희를 구해내리라. 너희를 나의 백성으로 삼고 나는 너희의 하느님이 되어 주리라. 그제야 너희는 나 야훼가 너희 하느님임을, 너희를 종으로 부리는 이집트인들의 손아귀에서 빼낸 하느님임을 알리라. 내가 아브라함과 이사악과 야곱에게 주겠다고 맹세한

가나안 땅으로 너희를 이끌어 그곳을 차지하게 하리라. 나는 야훼다.'" 출애굽기 6 : 3-8

3) 행동하는 존재

할렐루야,
어지신 분, 야훼께 감사 노래 불러라.
"그의 사랑 영원하시다."
모든 신들의 하느님께 감사 노래 불러라.
"그의 사랑 영원하시다."
모든 주인들의 주님께 감사 노래 불러라.
"그의 사랑 영원하시다."
홀로 놀라운 일 이루셨다.
"그의 사랑 영원하시다."
지혜로 하늘을 만드셨다.
"그의 사랑 영원하시다."
땅을 물 위에 펼치셨다.
"그의 사랑 영원하시다."
큰 빛들을 내셨다.
"그의 사랑 영원하시다."
낮을 다스리라고 해를 만드셨다.
"그의 사랑 영원하시다."
밤을 다스리라고 달과 별을 내셨다.

"그의 사랑 영원하시다."
이집트 사람들의 맏아들을 치셨다.
"그의 사랑 영원하시다."
그 속에서 이스라엘을 구해내셨다.
"그의 사랑 영원하시다."
억센 손, 그 팔을 휘두르셨다.
"그의 사랑 영원하시다."
홍해를 둘로 쩌개셨다.
"그의 사랑 영원하시다."
그 한가운데로 이스라엘을 건네주셨다.
"그의 사랑 영원하시다."
파라오와 그 군대를 홍해에 처넣으셨다.
"그의 사랑 영원하시다."
사막에서 당신 백성 인도하셨다.
"그의 사랑 영원하시다." 시편 136 : 1-17

3. 유일한 존재

출애굽 경험을 통해 이스라엘 민족은 '야훼' 하느님을 절대 유일唯一하신 존재로서 이스라엘 민족의 안녕과 질서를 위해 일하시는 분으로 고백하였다. 이런 과정에서 '야훼'는 이스라엘 민족에게 율법과 계명을 주었고 율법과 계명을 지키고 따르는 자에게는 복을 내리고, 그렇지 못한 경우 화를 당하게 한다는 이스라엘 민족의 역사관, 소위 '신명기 사관史觀'이 생기게 되었다.

1) 율법律法과 계명誡命의 수여자

이 모든 말씀은 하느님께서 하신 말씀이다.

"너희 하느님은 나 야훼다. 바로 내가 너희를 이집트 땅 종살이 하던 집에서 이끌어낸 하느님이다.

너희는 내 앞에서 다른 신神을 모시지 못한다. 너희는 위로 하늘에 있는 것이나 아래로 땅 위에 있는 것이나, 땅 아래 물속에 있는 어떤 것이든지 그 모양을 본떠 새긴 우상을 섬기지 못한다. 그 앞에 절하며 섬기지 못한다. 나 야훼 너희의 하느님은 질투하는 신이다. 나를 싫어하는 자에게는 아비의 죄를 그 후손 삼대에까지 갚는다. 그러나 나를 사랑하여 나의 명령을 지키는 사람에게는 그 후손 수천 대에 이르기까지 한결같은 사랑을 베푼다.

너희는 너희 하느님의 이름 야훼를 함부로 부르지 못한다. 야훼는 자기의 이름을 함부로 부르는 자를 죄 없다고 하지 않는다.

안식일安息日을 기억하여 거룩하게 지켜라. 엿새 동안 힘써 네 모든 생업生業에 종사하고 이렛날은 너희 하느님 야훼 앞에서 쉬어라. 그날 너희는 어떤 생업에도 종사하지 못한다. 너희와 너희 아들 딸, 남종 여종뿐 아니라 가축이나 집 안에 머무는 식객食客이라도 일을 하지 못한다. 야훼께서 엿새 동안 하늘과 땅과 바다와 그 안에 있는 모든 것을 만드시고, 이레째 되는 날 쉬셨기 때문이다. 그래서 야훼께서 안식일에 복을 내리시고 거룩한 날로 삼으신 것이다.

너희는 부모를 공경恭敬하여라. 그래야 너희는 너희 하느님 야훼께서 주신 땅에서 오래 살 것이다.

살인하지 못한다.

간음하지 못한다.

도둑질하지 못한다.

이웃에게 불리한 거짓 증언을 못한다.

네 이웃의 집을 탐내지 못한다. 네 이웃의 아내나 남종이나 여종이나 소나 나귀 할 것 없이, 네 이웃의 소유는 무엇이든지 탐내지 못한다."

온 백성은 천둥과 번개와 나팔 소리와 산에 자욱한 연기를 멀리서 바라보고 두려워 떨며 모세에게 말하였다. "당신이 우리에게 말해주시오. 잘 듣겠습니다. 하느님께서 직접 우리에게 말씀하신다면 우리는 죽을 것입니다." 출애굽기 20 : 1-19

2) 초월적 유일唯一 존재

이스라엘의 임금, 그의 구세주救世主,

만군의 야훼께서 말씀하신다.

"내가 시작이요, 내가 마감이다.

나밖에 다른 신이 없다.

누가 나와 같으냐? 나서서 말해보아라.
누가 처음에 장래將來의 일을 미리 들려주었느냐?
앞으로 될 일을 우리에게 말해보아라.
겁내지 마라, 두려워하지 마라.
내가 오래 전부터 미리 들려주고 알려주지 않았느냐?
너희가 나의 증인이다.
나밖에 다른 신이 또 있느냐?
과연 다른 바위는 없다.
나는 그런 것 모른다." 이사야 44 : 6-8

3) 질투하시는 거룩한 하느님

너희 하느님 야훼께서는 삼키는 불길이시요 질투하는 신이시다. 너희가 자식을 낳고 그 자식들이 또 자식을 낳아 그 땅에 자리잡은 지 오래된 후에도 그 짓만은 하지 마라. 무슨 모양으로든지 우상偶像을 새겨놓아 너희 하느님 야훼의 눈에 거슬리는 일은 없도록 하여라. 너희가 만일 그의 마음을 상하게 한다면, 내가 오늘 하늘과 땅을 증인으로 삼아 너희에게 다짐해둔다. 요르단 강을 건너가서 차지할 그 땅에서 너희는 삽시간에 없어지리라. 너희는 거기에서 오래 살지 못하고 멸절滅絶될 것이다. 야훼께서 너희를 여러 민족들 사이에 흩으시리니, 이렇게 야훼께서 너희를 쫓아내시면 쫓겨간 그곳에 살아남아 그 민족들 가운데 끼여 살 사람이 얼마 되지 못할 것이다. 신명기 4 : 24-27

너희는 내 앞에서 감히 다른 신을 모시지 못한다. 너희는 위로 하늘에 있는 것이나 아래로 땅 위에 있는 것이나, 땅 아래 물 속에 있는 어떤 것이든지 그 모습을 본떠 새긴 우상을 모시지 못한다. 그 앞에 절하며 섬기지 못한다.

나 야훼 너희의 하느님은 질투하는 신이다. 나를 싫어하는 자에게는 아비의 죄를 그 후손 삼사 대에까지 갚는다. 그러나 나를 사랑하여 나의 명령命令을 지키는 사람에게는 그 후손 수천 대에 이르기까지 한결같은 사랑을 베푼다. 신명기 5 : 7-10

황금소 숭배 The Adoration of the Golden Calf
니콜라 푸생 Nicolas Poussin

4. 창조주創造主

이스라엘 민족에게 있어 창조 신앙이 발생한 것은 시기적으로 다소 후대後代이다. B.C. 586년 바벨론의 포로기 중에 고대 근동 지방의 창조 설화를 접하게 되면서부터 이스라엘 민족은 우주 창조에 대한 비전을 갖게 되었고, 자신들이 고백하던 출애굽의 하느님이야말로 우주 만물을 창조하신 초자연적 존재라는 사실로 그를 창조주로 고백할 수 있었다.

1) 초자연적 권능자權能者

한 처음에 하느님께서 하늘과 땅을 지어내셨다. 땅은 아직 모양을 갖추지 않고 아무 것도 생기지 않았는데, 어둠이 깊은 물 위에 뒤덮여 있었고 그 물 위에 하느님의 기운이 휘돌고 있었다.

하느님께서 "빛이 생겨라!" 하시자 빛이 생겨났다. 그 빛이 하느님 보시기에 좋았다. 하느님께서는 빛과 어둠을 나누시고 빛을 낮이라, 어둠을 밤이라 부르셨다. 이렇게 첫날이 밤, 낮 하루가 지났다.

창세기 1 : 1-5

이리하여 하늘과 땅과 그 가운데 있는 모든 것이 다 이루어졌다. 하느님께서는 엿샛날까지 하시던 일을 다 마치시고, 이렛날에는 모든 일에서 손을 떼고 쉬셨다. 이렇게 하느님께서는 모든 것을 새로 지으시고 이렛날에는 쉬시고 이날을 거룩한 날로 정하시어 복을 주셨다.

창세기 2 : 1-3

2) 왕王이신 하느님

어서 와 야훼께 기쁜 노래 부르자.
우리 구원의 바위 앞에서 환성歡聲을 올리자.
감사 노래 부르며 그 앞에 나아가자.
노랫가락에 맞추어 환성을 올리자.
야훼는 높으신 하느님,
모든 신들을 거느리시는 높으신 임금님,
깊고 깊은 땅 속도 그분 수중手中에,
높고 높은 산들도 그분의 것,
바다도 그의 것, 그분이 만드신 것,
굳은 땅도 그분 손이 빚어내신 것,
어서 와 허리 굽혀 경배敬拜 드리자.
우리를 지으신 야훼께 무릎을 꿇자. 시편 95 : 1-6

3) 생명(질서)의 근원

이 산 저 산 쳐다본다.
도움이 어디에서 오는가?
하늘과 땅을 만드신 분,
야훼에게서 나의 구원救援은 오는구나.
네 발이 헛디딜까 야훼, 너를 지키시며
졸지 아니하시리라.

이스라엘을 지키시는 이,
졸지 않고 잠들지도 아니하신다.
야훼는 너의 그늘, 너를 지키시는 이,
야훼께서 네 오른편에 서 계신다.
낮의 해가 너를 해치지 않고
밤의 달이 너를 해치지 못하리라.
야훼께서 너를 모든 재앙에서 지켜주시고
네 목숨을 지키시리라.
떠날 때에도 돌아올 때에도 너를 항상 지켜주시리라,
이제로부터 영원히. 시편 121 : 1-8

5. 세상의 심판자審判者

이스라엘 민족을 고통에서 해방하고 율법과 계명을 주신 분, 그리고 더욱 우주 만물을 창조하신 하느님은, 이스라엘 민족이 하느님 명령을 좇지 않을 때 그들을 자신에게 돌이키게 하는 수단으로서 세상을 심판하고 정죄定罪하신다. 야훼 하느님께서 바라고 원하는 것은 공의公義가 강江같이 흐르는 세상인바, 그분은 현실 세계의 부조리不條理에 대해 하느님의 정의正義가 지배하는 메시아 왕국에 대한 소망을 갖게 하신다.

1) 공의公義의 하느님

내 겨레를 그릇된 길로 이끄는 예언자들을 두고
야훼께서는 이렇게 말씀하셨다.
"예언자라는 것들, 입에 먹을 것만 물려주면
만사 잘되어 간다고 떠들다가도
입에 아무것도 넣어주지 않으면 트집을 잡는구나!"
그래서 너희 백성은 앞을 내다볼 수 없는 밤을 맞았다.
내일을 점칠 수 없는 어둠에 싸였다.
예언자들에게는 태양이 사라져
대낮인데도 눈앞이 캄캄해졌다.
앞날을 내다본다던 것들이 창피를 당하고
내일을 점친다던 것들이 쥐구멍을 찾으리라.
하느님께서 대답하지 않으시는데 누가 입을 열겠느냐?
그러나 나에게는
거역하기만 하는 야곱의 죄상을 밝히고
못할 짓만 하는 이스라엘의 죄를 당당하게 규탄할
힘과 용기가 차 있다.
야곱 가문의 어른들이라는 것들아,
이스라엘 가문의 지도자라는 것들아,
정의正義를 역겨워하고 곧은 것을 구부러뜨리는 것들아,
이 말을 들어라.
너희는 백성의 피를 빨아 시온을 세웠고,

백성의 진액을 짜서 예루살렘을 세웠다.
예루살렘의 어른이라는 것들은 돈에 팔려 재판을 하고,
사제라는 것들은 삯을 받고 판결判決을 내리며,
예언자라는 것들은 돈을 보고야 점을 친다.
그러면서도 야훼께 의지하여,
"야훼께서 우리 가운데 계시는데,
재앙은 무슨 재앙이냐?" 하는구나!
시온이 갈아엎은 밭이 되고,
예루살렘이 돌무더기가 되며,
성전 언덕이 잡초로 뒤덮이게 되거든,
그것이 바로 너희 탓인 줄 알아라. 미가 3 : 9-12

2) 메시아(평화)의 하느님

이새[3]의 그루터기에서 햇순이 나오고
그 뿌리에서 새싹이 돋아난다.
야훼의 영靈이 그 위에 내린다.
지혜와 슬기를 주는 영,
경륜과 용기를 주는 영,
야훼를 알게 하고 그를 두려워하게 하는 영이 내린다.
그는 야훼를 두려워하는 것으로 기쁨을 삼아
겉만 보고 재판하지 아니하고

3) 이새는 다윗왕의 아버지로서 예수가 다윗 후손임을 강조하는 표현이다.

말만 듣고 시비是非를 가리지 아니하리라.
가난한 자들의 재판을 정당하게 해주고
흙에 묻혀 사는 천민의 시비를 바로 가려주리라.
그의 말은 몽치가 되어 잔인한 자를 치고
그의 입김은 무도한 자를 죽이리라.
그는 정의로 허리를 동이고
성실로 띠를 띠리라.
늑대가 새끼 양과 어울리고
표범이 숫염소와 함께 뒹굴며
새끼 사자와 송아지가 함께 풀을 뜯으리니,
어린아이가 그들을 몰고 다니리라.
암소와 곰이 친구가 되어
그 새끼들이 함께 뒹굴고,
사자가 소처럼 여물을 먹으리라.
젖먹이가 살무사의 굴에서 장난하고
젖 뗀 어린 아기가 독사의 굴에 겁 없이 손을 넣으리라.
나의 거룩한 산 어디를 가나
서로 해치거나 죽이는 일이 다시는 없으리라.
바다에 물이 넘실거리듯
땅에는 야훼를 아는 지식이 차고 넘치리라.
그날 이새의 뿌리에서 돋아난 새싹은
만민이 쳐다볼 깃발이 되리라.

모든 민족이 그에게 찾아들고
그가 있는 곳에서 영광이 빛나리라. 이사야 11 : 1-10

6. 지혜의 하느님

의로운 자들이 고난을 당하고 불의한 자들이 득세하는 모순된 현실 속에서도 인간은 자신의 의로움을 위해 노력해야 하며, 하느님이야말로 생사화복生死禍福을 주장하는 참된 존재라는 사실을 지혜의 하느님은 일깨운다. 야훼 하느님을 경외敬畏하는 것이 지식의 근본이라는 가르침이 매 순간순간마다 도전받는 것처럼 보이지만, 인생의 말미에서 보면 이것이야말로 참된 진리라고 강조한다.

1) 인간존재 목적으로서의 하느님

계획은 사람이 세우고
결정決定은 야훼께서 하신다.
사람의 일이 제 눈에는 모두 잘돼 보여도
야훼께서는 속생각을 헤아리신다.
무슨 일을 하든지 야훼께 맡기면
생각하는 일이 다 이루어지리라.
야훼께서는 모든 것을 각각 쓰임에 맞게 만드셨으니,
불의不義한 사람은 재앙이 내리는 날에

재앙 받을 사람으로 만드신 것이다.
야훼께서 마음이 거만한 자를 미워하시니,
그런 자가 어찌 벌을 받지 않으랴.
하느님을 참마음으로 사랑하면 죄를 용서容恕받고
야훼를 경외하면 재앙을 면한다.
사람이 야훼 마음에 들게 살면
원수라도 그와 화목하게 해주신다.
정직하게 살아 적게 버는 것이
불의하게 재산財産을 쌓는 것보다 낫다.
사람은 속으로 제 할 일을 계획해도
그것을 하나하나 이루시는 분은 야훼시다.
임금이 내리는 말은 하느님의 판결이니,
그 입으로 그릇된 언도言渡를 내릴 수 없다.
저울과 천평은 야훼의 손 안에 있고
주머니 속의 저울추도 다 그가 만드신 것이다.

잠언 16 : 1-11

우리는 하느님의 작품作品입니다. 곧 하느님께서 미리 마련하신 대로 선한 생활을 하도록 그리스도 예수를 통해서 창조하신 작품입니다.

에페소인들에게 보낸 편지 2 : 10

2) 생사화복生死禍福의 주관자

악한 자가 잘된다고 불평하지 말며
불의한 자가 잘산다고 부러워 마라.
풀처럼 삽시간에 그들은 시들고
푸성귀처럼 금방 스러지리니
야훼만 믿고 살아라.
땅 위에서 네가 걱정 없이 먹고 살리라.
네 즐거움을 야훼에게서 찾아라.
네 마음의 소원所願을 들어주시리라.
그에게 앞날을 맡기고 그를 믿어라,
몸소 당신께서 행해주시리라.
햇빛처럼 너의 옳음을 빛나게 하시고
대낮처럼 네 권리를 당당하게 해주시리라.
고요하게 지내라, 야훼만 믿어라.
남이 속임수로 잘된다고 불평하지 마라.
화내지 말고 격분을 가라앉혀라.
불평하지 마라. 자신에게 해로울 뿐이다.
악한 자는 망하게 마련이요,
야훼를 기다리는 자 땅을 물려받으리라.
조금만 기다려라, 악인은 망할 것이다.
아무리 그 있던 자리를 찾아도 그는 이미 없으리라.
보잘것없는 사람은 땅을 차지하고,

태평세월을 누리리라.
악한 자, 이를 갈며 의인義人을 모해하려 할지라도
야훼, 그 끝남을 보시고 비웃으신다.
올바른 사람을 목 조르고, 가난하고 약한 자를 쓰러뜨리려고
악한 무리 칼을 빼들고 활을 당기지만,
제 칼에 염통이 터지고 활은 부러지리라.
악한 자들의 많은 재산보다
의인의 가난이 더 낫다.
악인의 팔은 부러지지만
착한 사람은 야훼께서 붙드신다. 시편 37 : 1-17

7. 아버지이신 사랑의 하느님

≪신약성서≫ 시대에 접어들면서 야훼 하느님은 더 이상 이스라엘 민족과 계약 관계에 있는 배타적 존재가 아니라, 모든 인류에게 사랑을 베푸는 보편적이며 포괄적인 아버지로서 그 지평地平이 확장된다. 따라서 하느님은 율법과 계명의 수여자만이 아니라 인간을 용서하는 구원자救援者로서, 소외받고 병들어 고통받는 모든 인간을 위한 치유자治癒者로서, 하느님과 인간의 단절된 관계를 회복시키는 화해자和解者로서 그 특성을 드러내게 된다.

1) 악인惡人도 사랑하시는 온전하신 분

"'네 이웃을 사랑하고 원수를 미워하여라.' 하신 말씀을 너희는 들었다. 그러나 나는 이렇게 말한다. 원수를 사랑하고 너희를 박해하는 사람들을 위하여 기도하여라. 그래야만 너희는 하늘에 계신 아버지의 아들이 될 것이다. 아버지께서는 악한 사람에게나 선한 사람에게나 똑같이 햇빛을 주시고, 옳은 사람에게나 옳지 못한 사람에게나 똑같이 비를 내려주신다.

너희가 자기를 사랑하는 사람들만 사랑한다면 무슨 상을 받겠느냐? 세리稅吏들도 그만큼은 하지 않느냐? 또 너희가 자기 형제들에게만 인사를 한다면 남보다 나을 것이 무엇이냐? 이방인異邦人들도 그만큼은 하지 않느냐? 하늘에 계신 아버지께서 완전하신 것같이 너희도 완전한 사람이 되어라." 마태오의 복음서 5 : 43-48

2) 용서容恕를 베푸시는 분

"하늘나라는 이렇게 비유할 수 있다. 어떤 왕王이 자기 종들과 셈을 밝히려 하였다. 셈을 시작하자 일만 달란트나 되는 돈을 빚진 사람이 왕 앞에 끌려왔다. 그에게 빚을 갚을 길이 없었으므로 왕은 '네 몸과 네 처자妻子와 너에게 있는 것을 다 팔아서 빚을 갚아라.' 하였다. 이 말을 듣고 종이 엎드려 왕에게 절하며 '조금만 참아주십시오. 곧 다 갚아드리겠습니다.' 하고 애걸하였다. 왕은 그를 가엾게 여겨 빚을 탕감해주고 놓아 보냈다.

그런데 그 종은 나가서 자기에게 백 데나리온밖에 안 되는 빚을 진 동료를 만나자 달려들어 멱살을 잡으며 '내 빚을 갚아라.' 하고 호통을 쳤다. 그 동료는 엎드려 '꼭 갚을 터이니 조금만 참아주게.' 하고 애원哀願하였다. 그러나 그는 들어주기는커녕 오히려 그 동료를 끌고 가서 빚진 돈을 다 갚을 때까지 감옥에 가두어두었다.

다른 종들이 이 광경을 보고 매우 분개하여 왕에게 가서 이 일을 낱낱이 일러바쳤다. 그러자 왕은 그 종을 불러들여 '이 몹쓸 종아, 네가 애걸하기에 나는 그 많은 빚을 탕감해주지 않았느냐? 그렇다면 내가 너에게 자비를 베푼 것처럼 너도 네 동료에게 자비慈悲를 베풀었어야 할 것이 아니냐?' 하며 몹시 노하여 그 빚을 다 갚을 때까지 그를 형리에게 넘겼다.

너희가 진심으로 형제들을 서로 용서하지 않으면 하늘에 계신 내 아버지께서도 너희에게 이와 같이 하실 것이다."

마태오의 복음서 18 : 23-35

3) 소외疏外받은 이를 위한 사랑의 주

세리들과 죄인들이 모두 예수의 말씀을 들으려고 모여들었다. 이것을 본 바리사이파 사람들과 율법학자들은 "저 사람은 죄인들을 환영하고 그들과 함께 음식까지 나누고 있구나!" 하며 못마땅해 하였다.

그래서 예수께서는 그들에게 비유로 말씀하셨다. "너희 가운데 누가 양 백 마리를 가지고 있었는데 그중에서 한 마리를 잃었다면 어떻게 하겠느냐? 아흔아홉 마리는 들판에 그대로 둔 채 잃은 양을 찾아 헤매지 않겠느냐? 그러다가 찾게 되면 기뻐서 양을 어깨에 메고 집으로 돌아와 친구들과 이웃을 불러 모으고 '자, 같이 기뻐해주십시오. 잃었던 양을 찾았습니다.' 하며 좋아할 것이다.

잘 들어두어라. 이와 같이 회개할 것 없는 의인義人 아흔아홉보다 죄인 한 사람이 회개하는 것을 하늘에서는 더 기뻐할 것이다."

루가의 복음서 15 : 1-7

바리사이파의 율법학자들은 예수께서 죄인과 세리들과 한 자리에서 음식을 나누시는 것을 보고, 예수의 제자들에게 "저 사람이 세리와 죄인들과 어울려 같이 음식을 나누고 있으니 어찌 된 노릇이오?" 하고 물었다.

예수께서 이 말을 들으시고 "성한 사람에게는 의사가 필요하지 않으나 병자에게는 필요하다. 나는 의인을 부르러 온 것이 아니라 죄인을 부르러 왔다." 하고 대답하셨다.

마르코의 복음서 2 : 16, 17

4) 치유治癒와 화해和解의 선포자

예수의 일행은 가파르나움으로 갔다. 안식일에 예수께서는 회당에 들어가 가르치셨는데 사람들은 그 가르침을 듣고 놀랐다. 그 가르치시는 것이 율법학자들과는 달리 권위가 있었기 때문이다.

그때 더러운 악령惡靈 들린 사람 하나가 회당에 있다가 큰 소리로 "나자렛 예수님, 어찌하여 우리를 간섭하시려는 것입니까? 우리를 없애려고 오셨습니까? 나는 당신이 누구신지 압니다. 당신은 하느님께서 보내신 거룩한 분이십니다." 하고 외쳤다. 그래서 예수께서 "입을 다물고 이 사람에게서 나가거라." 하고 꾸짖으시자 더러운 악령은 그 사람에게 발작을 일으켜놓고 큰 소리를 지르며 떠나갔다.

이것을 보고 모두들 놀라 "이게 어찌 된 일이냐? 이것은 권위 있는 새 교훈이다. 그의 명령에는 더러운 악령들도 굴복하는구나!" 하며 서로 수군거렸다. 예수의 소문은 삽시간에 온 갈릴래아와 그 근방에 두루 퍼졌다. 마르코의 복음서 1 : 21-28

예수께서 어느 동네에 계실 때에 온몸이 나병으로 문드러진 사람 하나가 나타났다. 그는 예수를 보자 땅에 엎드려 간청하며 "주님, 주님께서는 하시고자 하시면 저를 깨끗이 고쳐주실 수 있으십니다." 하고 말씀드렸다. 예수께서 손을 내밀어 그에게 대시며 "그렇게 해 주마. 깨끗하게 되어라." 하시자 곧 그의 나병이 깨끗이 나았다.

예수께서는 "아무에게도 이 일을 말하지 말고 다만 사제에게 가서 몸을 보이고 모세가 명한 대로 예물禮物을 드려 네 몸이 깨끗해진 것을 사람들에게 증명하여라." 하고 이르셨다. 그러나 예수의 소문은 더욱더 널리 퍼져서 예수의 말씀을 듣거나 병을 고치려고 사람들이 사방에서 떼지어왔다. 루가의 복음서 5 : 12-15

8. 구원자救援者

≪신약성서≫에 있어서 하느님은 무엇보다 구원자이다. 구원자로서 하느님 역할은 그분이 죄로 인해 억압된 인간의 구원과 해방을 위해, 스스로 인간의 몸을 입고 인간으로 육화肉化되신 사건 속에서 잘 나타난다. ≪신약성서≫는 하느님 자신의 육화된 존재를 예수 그리스도로 고백하고 있으며, 예수 그리스도의 삶과 죽음(십자가) 그리고 부활을 통해 그분이 세상의 악에 굴복되지 않고 승리하였으며, 그를 믿는 사람들마다 구원을 받을 수 있다고 가르친다.

1) 육화肉化되신 그리스도

한 처음, 천지天地가 창조되기 전부터 말씀이 계셨다. 말씀은 하느님과 함께 계셨고 하느님과 똑같은 분이셨다. 말씀은 한 처음 천지가 창조되기 전부터 하느님과 함께 계셨다. 모든 것은 말씀을 통하여 생겨났고 이 말씀 없이 생겨난 것은 하나도 없다. 생겨난 모든 것이 그에게서 생명을 얻었으며 그 생명은 사람들의 빛이었다. 그 빛이 어둠 속에서 비치고 있다. 그러나 어둠이 빛을 이겨본 적이 없다.

하느님께서 보내신 사람이 있었는데 그의 이름은 요한이었다.

그는 그 빛을 증언證言하러 왔다. 모든 사람으로 하여금 자기 증언을 듣고 믿게 하려고 온 것이다. 그는 빛이 아니라 다만 그 빛을 증언하러 왔을 따름이다. 말씀이 곧 참 빛이었다. 그 빛이 이 세상에 와서 모든 사람을 비추고 있었다.

말씀이 세상에 계셨고 세상이 이 말씀을 통하여 생겨났는데도 세상은 그분을 알아보지 못하였다. 그분이 자기 나라에 오셨지만 백성들은 그분을 맞아주지 않았다. 그러나 그분을 맞아들이고 믿는 사람들에게는 하느님의 자녀가 되는 특권特權을 주셨다. 그들은 혈육으로나 육정으로나 사람의 욕망으로 난 것이 아니라 하느님에게서 난 것이다.

말씀이 사람이 되셔서 우리와 함께 계셨는데 우리는 그분의 영광榮光을 보았다. 그것은 외아들이 아버지에게서 받은 영광이었다. 그분에게는 은총과 진리가 충만하였다.

요한은 그분을 증언하여 외치기를 "그분은 내 뒤에 오시지만 사실은 내가 나기 전부터 계셨기 때문에, 나보다 앞서신 분이라고 말한 것은 바로 이분을 두고 한 말이다." 하였다.

우리는 모두 그분에게서 넘치는 은총을 받고 또 받았다. 모세에게서는 율법을 받았지만, 예수 그리스도에게서는 은총과 진리眞理를 받았다. 일찍이 하느님을 본 사람은 없다. 그런데 아버지의 품 안에 계신 외아들로서 하느님과 똑같으신 그분이 하느님을 알려 주셨다.

요한의 복음서 1 : 1-18

2) 십자가와 부활復活(생명)의 주

그리스도께서 죽은 자들 가운데서 다시 살아나셨다는 것을 우리가 전파하고 있는데, 여러분 가운데 어떤 사람은 죽은 자의 부활이 없다고 하니 어떻게 된 일입니까? 만일 죽은 자가 부활하는 일이 없다면 그리스도께서도 다시 살아나셨을 리가 없고, 그리스도께서 다시 살아나지 않으셨다면, 우리가 전한 것도 헛된 것이요 여러분의 믿음도 헛된 것일 수밖에 없을 것입니다.

만일 죽은 자가 다시 살아나는 일이 없다면 하느님께서 그리스도를 다시 살리셨을 리가 없습니다. 그렇다면 하느님께서 그리스도를 다시 살리셨다고 증언하는 우리는 결국 하느님을 거스르는 거짓 증인이 되는 셈입니다. 만일 죽은 자들이 다시 살아나는 일이 없다면 그리스도께서도 다시 살아나실 수 없었을 것입니다. 만일 그리스도께서 다시 살아나시지 않았다면, 여러분의 믿음은 헛된 것이 되고 여러분은 아직도 죄에서 헤어나지 못하고 있을 것입니다. 그리고 그리스도를 믿다가 세상을 떠난 사람들도 멸망했을 것입니다. 만일 그리스도를 믿는 우리가 이 세상에만 희망을 걸고 있다면 우리는 누구보다도 가장 가련한 사람일 것입니다. 그러나 그리스도께서는 죽은 자들 가운데서 다시 살아나셔서 죽었다가 부활한 첫 사람이 되셨습니다. 죽음이 한 사람으로 말미암아 온 것처럼 죽은 자의 부활도 한 사람으로 말미암아 왔습니다. 아담으로 말미암아 모든 사람이 죽는 것과 마찬가지로 그리스도로 말미암아 모든 사람이 살게 될 것입니다. 고린토인들에게 보낸 첫째 편지 15 : 12-22

9. 영靈이신 하느님

≪신약성서≫는 예수 그리스도의 부활과 승천 이후 보혜사保惠師 성령이 인간 세계 속에 보내어졌다고 진술한다. 이에 근거하여 그리스도교 전통은 성부聖父이신 아버지 하느님, 성자聖子이신 그리스도 예수, 그리고 보혜사 성령聖靈을 삼위일체 하느님으로 고백하고 있다. 따라서 성령으로서의 하느님은 인간을 위로하고 용기를 주며 진리이신 예수 그리스도를 알도록 인간을 이끌어가는 분으로서, 우리 인간들과 언제든지 함께하는 존재이다.

1) 위로와 용기를 주시는 분

그분은 곧 진리眞理의 성령聖靈이시다. 세상은 그분을 보지도 못하고 알지도 못하기 때문에 그분을 받아들일 수 없지만, 너희는 그분을 알고 있다. 그분이 너희와 함께 사시며 너희 안에 계시기 때문이다. 나는 너희를 고아들처럼 버려두지 않겠다. 기어이 너희에게로 돌아오겠다. 요한의 복음서 14 : 17, 18

성령께서도 연약한 우리를 도와주십니다. 어떻게 기도해야 할지도 모르는 우리를 대신해서, 말로 다 할 수 없을 만큼 깊이 탄식하시며 하느님께 간구해주십니다. 이렇게 성령께서는 하느님의 뜻을 따라 성도들을 대신해서 간구해주십니다. 그리고 마음속까지도 꿰뚫어 보시는 하느님께서는 그러한 성령의 생각을 잘 아십니다.

로마인들에게 보낸 편지 8 : 26, 27

2) 진리眞理와 자유自由의 주

누구든지 하느님의 성령의 인도引導를 따라 사는 사람은 하느님의 자녀입니다. 여러분이 받은 성령은 여러분을 다시 노예로 만들어서 공포에 몰아넣으시는 분이 아니라, 여러분을 하느님의 자녀로 만들어주시는 분이십니다. 그래서 우리는 그 성령에 힘입어 하느님을 "아빠, 아버지!"라고 부릅니다. 바로 그 성령께서 우리가 하느님의 자녀라는 것을 증명해주십니다. 또 우리의 마음속에도 그러한 확신이 있습니다. 자녀가 되면 또한 상속자도 되는 것입니다. 과연 우리는 하느님의 상속자로서 그리스도와 함께 상속을 받을 사람입니다. 우리가 그리스도와 함께 고난을 받고 있으니 영광도 그와 함께 받을 것이 아닙니까? 로마인들에게 보낸 편지 8 : 14-17

예수께서는 당신을 믿는 유다인들에게 이렇게 말씀하셨다. "너희가 내 말을 마음에 새기고 산다면 너희는 참으로 나의 제자이다. 그러면 너희는 진리를 알게 될 것이며 진리가 너희를 자유롭게 할 것이다." 그들은 이 말씀을 듣고 "우리는 아브라함의 후손이고 아무한테도 종살이를 한 적이 없는데, 선생님은 우리더러 자유를 얻을 것이라고 하시니 어떻게 된 일입니까?" 하고 따졌다.

예수께서는 이렇게 대답하셨다. "정말 잘 들어두어라. 죄를 짓는 사람은 누구나 다 죄의 노예이다. 노예는 자기가 있는 집에서 끝내 살 수 없지만 아들은 영원히 그 집에서 살 수 있다. 그러므로 아들이 너희에게 자유를 준다면 너희는 참으로 자유로운 사람이 될 것이다." 요한의 복음서 8 : 31-36

3) 함께하시는 하느님

"동정녀童貞女가 잉태하여 아들을 낳으리니 그 이름을 임마누엘이라 하리라." 하신 말씀이 그대로 이루어졌다. 임마누엘은 '하느님께서 우리와 함께 계시다.'는 뜻이다. 마태오의 복음서 1 : 23

사실 하느님의 성령께서 여러분 안에 계시다면 여러분은 육체를 따라 사는 사람이 아니라 성령을 따라 사는 사람입니다. 그러나 그리스도의 성령을 모시지 못한 사람은 그리스도의 사람이 아닙니다. 비록 여러분의 몸은 죄 때문에 죽었을지라도 그리스도께서 여러분 안에 계시면, 여러분은 이미 하느님과 올바른 관계에 있기 때문에 여러분의 영은 살아 있습니다.

그리고 예수를 죽은 자들 가운데서 다시 살리신 분의 성령께서 여러분 안에 계시면, 그리스도를 죽은 자들 가운데서 다시 살리신 분께서 여러분 안에 살아 계신 당신의 성령을 시켜, 여러분의 죽을 몸까지도 살려주실 것입니다.

로마인들에게 보낸 편지 8 : 9-11

10. 다시 오실 메시아

≪신약성서≫는 그리스도께서 자신의 부활 승천 이후 이 세상을 심판하실 재림주再臨主로 다시 오신다는 믿음을 선포한다. 재림주로서의 예수는 선악의 심판자로서 의로운 자들을 소생시키고 악한 자들을 영원히 멸망시키는 책무를 짊어지고 있다. 그분의 재림과 더불어 온 세상은 처음 창조 때와는 질적으로 다른 상태로 변화될 것이라고 ≪성서≫는 예고하고 있다.

1) 세상의 심판자

도끼가 이미 나무뿌리에 닿았으니 좋은 열매를 맺지 않은 나무는 다 찍혀 불 속에 던져질 것이다. 나는 너희를 회개시키려고 물로 세례를 베풀거니와 내 뒤에 오시는 분은 성령과 불로 세례를 베푸실 것이다. 그분은 나보다 훌륭한 분이어서 나는 그분의 신발을 들고 다닐 자격조차 없는 사람이다. 그분은 손에 키를 드시고 타작마당의 곡식을 깨끗이 가려 알곡은 모아 곳간에 들이시고 쭉정이는 꺼지지 않는 불에 태우실 것이다.

마태오의 복음서 3 : 10-12

나는 또 크고 흰 옥좌玉座와 그 위에 앉으신 분을 보았습니다.

땅과 하늘이 그 앞에서 사라지고 그 흔적조차 찾아볼 수 없게 되었습니다. 나는 또 죽은 자들이 인물의 대소를 막론하고 모두 그 옥좌 앞에 서 있는 것을 보았습니다. 많은 책들이 펼쳐져 있고 또 다른 책 한 권이 펼쳐져 있었습니다. 그것은 생명의 책이었습니다.

죽은 자들은 그 많은 책에 기록되어 있는 대로 자기들의 행적을 따라 심판을 받았습니다. 바다는 자기 안에 있는 죽은 자들을 토해냈고 죽음과 지옥도 자기들 속에 있는 죽은 자들을 토해놓았습니다. 그들은 각각 자기 행적대로 심판을 받았습니다. 그리고 죽음과 지옥이 불바다에 던져졌습니다. 이 불바다가 둘째 죽음입니다. 이 생명의 책에 그 이름이 올라 있지 않은 사람은 누구나 이 불바다에 던져졌습니다. 요한의 묵시록 20 : 11-15

2) 새 세계世界의 창조자

그리스도께서는 보이지 않는 하느님의 형상이시며 만물萬物에 앞서 태어나신 분이십니다. 그것은 하늘과 땅에 있는 만물, 곧 보이는 것은 물론이고 왕권과 주권과 권세와 세력의 여러 천신들과 같은 보이지 않는 것까지도 모두 그분을 통해서 창조되었기 때문입니다. 만물은 그분을 통해서 그리고 그분을 위해서 창조되었습니다. 그분은 만물보다 앞서 계시고 만물은 그분으로 말미암아 존속합니다. 골로사이인들에게 보낸 편지 1 : 15-17

그 뒤에 나는 새 하늘과 새 땅을 보았습니다. 이전의 하늘과 이전의 땅은 사라지고 바다도 없어졌습니다. 나는 또 거룩한 도성都城 새 예루살렘이 신랑新郞을 맞을 신부新婦가 단장한 것처럼 차리고 하느님께서 계시는 하늘로부터 내려오는 것을 보았습니다. 그때 나는 옥좌로부터 울려 나오는 큰 음성을 들었습니다.

"이제 하느님의 집은 사람들이 사는 곳에 있다. 하느님은 사람들과 함께 계시고 사람들은 하느님의 백성이 될 것이다. 하느님께서는 친히 그들과 함께 계시고 그들의 하느님이 되셔서 그들의 눈에서 모든 눈물을 씻어주실 것이다. 이제는 죽음이 없고 슬픔도 울부짖음도 고통도 없을 것이다. 이전 것들이 다 사라져버렸기 때문이다."

그때 옥좌에 앉으신 분이 "보아라, 내가 모든 것을 새롭게 만든다." 하고 말씀하신 뒤 다시금 "기록하여라, 이 말은 확실하고 참된 말이다." 하고 말씀하셨습니다.

또 이어서 이렇게 말씀하셨습니다. "이제 다 이루었다. 나는 알파와 오메가, 곧 처음과 마지막이다. 나는 목마른 자에게 생명의 샘물을 거저 마시게 하겠다. 승리하는 자는 이것들을 차지하게 될 것이며 나는 그의 하느님이 되고 그는 내 아들이 될 것이다."

요한의 묵시록 21 : 1-7

제3장

세계와 창조

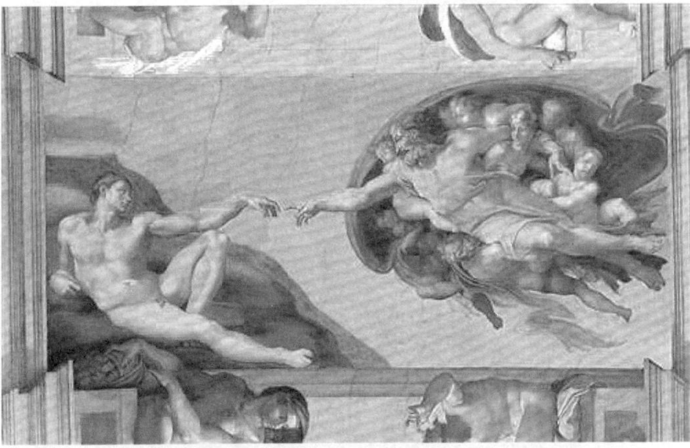

아담의 창조 Creation of Adam(시스티나 성당 천장화)
미켈란젤로 부오나로티 Michelangelo Buonarroti

그리스도교는 이 세계가 하느님의 피조물被造物이라고 고백한다. 태초에 하느님이 천지天地를 지으셨다는 〈창세기〉 1장 1절의 증언이 바로 그것이다. 따라서 세계 내의 어떤 것도 하느님과 등가적等價的인 가치를 지닐 수 없다. 하느님은 우주 만물의 창조주로서 피조물을 초월하여 계신 분이기 때문이다. 그래서 세계를 하느님의 창조로 말하는 것은 그리스도교가 지닌 절대적 하느님에 대한 확신을 지시한다.

동일한 맥락에서 그리스도교는 이 세계가 본래 선하게 창조되었음을 믿고 있다. 하느님의 창조행위는 우연적인 것이 아니라 그 속에서 하느님 자신의 본성本性과 의지意志가 실현되었다고 보았던 것이다. 그리스도교의 창조 교리는 그 때문에 세계와 인간 자신들에 대한 대大 긍정을 나타내고 있다. 창조 교리 속에 나타난 세계와 인간의 피조물성은 하느님의 창조 능력에 대한 절대 의존 의식과 같은 의미가 되었다. 그러나 창조된 세계가 선하고 좋다는 것은 타락한 현실과 죄와 악의 실재를 덮어두고자 하는 맹목적인 완벽성과는 구별된다.

≪성서≫에는 하느님에 의해 '참 좋다!'라는 탄성이 터질 만큼 선하게 지어진 세계가, 당신의 창조 의지를 철회하실 정도로 타락된 영역으로 변질된 모습을 사실적으로 보여주고 있다. 인간들이 하느님의 피조물들을 책임지고 다스리고 돌보는 사명을 망각하고 욕망의 노예가 될 때, ≪성서≫는 그들이 하느님과 자연 세계로부터 동시에 멀어진 것임을 강조하는 것이다. 사람들 눈에서 억울한

눈물을 흘리게 하지 말 것과 동물들을 피째로 먹지 말라는 두 명령을 하느님은 이 세계가 지속되는 근본 조건으로 제시하였다.(창세기 9 : 1-7)

따라서 ≪성서≫는 인간을 비롯한 모든 피조물들이 탄식하며 고통 속에 있는 현실을 인간의 죄와 악의 결과로 인식하며, 모든 인간이 본래적인 하느님 형상을 회복하는 것만이 사실적 종말에 직면하고 있는 현세계를 구원하는 첩경捷徑임을 말하고 있다. 이것은 예수 그리스도에 대한 믿음을 통해 실현되는 구원론적救援論的 사건이기도 하다.

전체적으로 보아 그리스도교는 창조론을 통하여 형이상학적으로 선악이원론善惡二元論을 말하는 세계관도, 그리고 세계 자체를 신성화하는 어떤 유의 범신론汎神論도 거부하며, 죄로 인해 고통 중에 있는 하느님의 선한 창조물들이 해방과 구원의 기쁨을 누린다는 종말론적 신앙을 갖고 있는 것이다.

1. 선善한 창조

그리스도교는 이 세상이 하느님의 뜻에 따라 선하게 창조되었음을 고백한다. 다시 말하면 선한 창조란 세계 내에 하느님의 목적과 질서가 자리하고 있다는 믿음 위에 기초하는 것이다. 하느님 형상으로 피조된 인간 역시 선함을 그 본성으로 하고 있다.

하느님이 당신의 피조물들에 대해 지속적인 관심과 은총을 베푸는 것처럼 인간 역시 피조물들에 대한 사랑과 관심을 나타내야만 한다.

1) 하느님의 주권적主權的 행위

하늘을 창조하여 펼치시고
땅을 밟아 늘리고 온갖 싹이 돋게 하신 하느님,
그 위에 사는 백성에게 입김을 넣어주시고
거기 움직이는 것들에게 숨결을 주시는,
하느님 야훼께서 이렇게 말씀하신다.
"나 야훼가 너를 부른다.
정의正義를 세우라고 너를 부른다.
내가 너의 손을 잡아 지켜주고
너를 세워 인류人類와 계약을 맺으니,
너는 만국萬國의 빛이 되어라.
소경들의 눈을 열어주고
감옥에 묶여 있는 이들을 풀어주고,
캄캄한 영창 속에 갇혀 있는 이들을 놓아주어라.
나는 야훼다. 이것이 내 이름이다.
내가 받을 영광을 뉘게 돌리랴?
내가 받을 찬양을 어떤 우상에게 돌리랴?"

이사야 42 : 5-8

2) 창조 세계의 목적과 질서

하느님께서 "땅은 온갖 동물을 내어라! 온갖 집짐승과 길짐승과 들짐승을 내어라!" 하시자 그대로 되었다. 하느님께서는 이렇게 온갖 들짐승과 집짐승과 땅 위를 기어 다니는 길짐승을 만드셨다. 하느님께서 보시니 참 좋았다.

하느님께서는 "우리 모습을 닮은 사람을 만들자! 그래서 바다의 고기와 공중의 새, 또 집짐승과 모든 들짐승과 땅 위를 기어 다니는 모든 길짐승을 다스리게 하자!" 하시고, 당신의 모습대로 사람을 지어내셨다.

하느님의 모습대로 사람을 지어내시되 남자와 여자로 지어내시고 하느님께서는 그들에게 복을 내려주시며 말씀하셨다. "자식을 낳고 번성하여 온 땅에 퍼져서 땅을 정복하여라. 바다의 고기와 공중의 새와 땅 위를 돌아다니는 모든 짐승을 부려라!"

하느님께서 다시, "이제 내가 너희에게 온 땅 위에서 낟알을 내는 풀과 씨가 든 과일 나무를 준다. 너희는 이것을 양식糧食으로 삼아라. 모든 들짐승과 공중의 모든 새와 땅 위를 기어 다니는 모든 생물에게도 온갖 푸른 풀을 먹이로 준다." 하시자 그대로 되었다. 이렇게 만드신 모든 것을 하느님께서 보시니 참 좋았다. 엿샛날도 밤, 낮 하루가 지났다. 창세기 1 : 24-31

3) 하느님 형상形象으로서의 인간 창조

사람이 무엇이기에 이토록 생각해주시며

사람이 무엇이기에 이토록 보살펴주십니까?
그를 하느님 다음가는 자리에 앉히시고
존귀와 영광의 관冠을 씌워주셨습니다.
손수 만드신 만물을 다스리게 하시고
모든 것을 발밑에 거느리게 하셨습니다.
크고 작은 온갖 가축과
들에서 뛰노는 짐승들하며
공중의 새와 바다의 고기,
물길 따라 두루 다니는 물고기들을
통틀어 다스리게 하셨습니다.
야훼, 우리의 주여!
주의 이름 온 세상에 어찌 이리 크십니까! 시편 8 : 4-9

2. 땅에 대한 인간의 지배권

우주 창조를 이루신 하느님은 인간을 자신의 대리자代理者로 삼으시고, 창조 질서를 보존케 하여 인류 및 모든 생명체의 생육生育과 번성蕃盛을 명하셨다. 인간이 하느님의 형상을 입었다는 사실과 인간이 땅에 대한 지배권支配權을 축복으로 받았다는 사실은, 이 점에서 같은 의미를 지닌다.

그러나 지금까지 그리스도교 신학은 땅에 대한 지배권을 왜곡

歪曲시켜, 땅에 대한 돌봄과 배려보다는 착취에 더 큰 비중을 두어 왔었다. 그러나 땅에 대한 지배권이 하느님의 창조 질서를 조화롭게 발전시켜 나가라는 인간의 청지기 의식과 관계있다는 해석이 지배적이다.

1) 생육生育과 번성蕃盛

하느님께서 노아에게 말씀하셨다. "너는 아내와 아들들과 며느리들을 데리고 배에서 나오너라. 새나 집짐승이나 땅에서 기어 다니는 길짐승까지, 너와 함께 있던 모든 동물을 데리고 나와 땅 위에서 떼 지어 살며 새끼를 많이 낳아 땅 위에 두루 번져나게 하여라." 노아는 아내와 아들들과 며느리들을 데리고 배에서 나왔다. 들짐승과 집짐승과 새와 땅 위를 기어 다니는 길짐승들도 그 종류별로 모두 배에서 따라 나왔다. 창세기 8 : 15-19

2) 자연(땅)의 돌봄과 공동체의 유지維持

하느님께서 다시, "이제 내가 너희에게 온 땅 위에서 낟알을 내는 풀과 씨가 든 과일나무를 준다. 너희는 이것을 양식으로 삼아라. 모든 들짐승과 공중의 모든 새와 땅 위를 기어 다니는 모든 생물에게도 온갖 푸른 풀을 먹이로 준다." 하시자 그대로 되었다.
창세기 1 : 29, 30

하느님께서 노아와 그의 아들들에게 복을 내리시며 말씀하셨다. "많이 낳아, 온 땅에 가득히 불어나거라. 들짐승과 공중의 새와 땅 위를 기어 다니는 길짐승과 바닷고기가 다 두려워 떨며 너희의 지배를 받으리라. 살아 움직이는 모든 짐승이 너희의 양식이 되리라. 내가 전에 풀과 곡식을 양식으로 주었듯이 이제 이 모든 것을 너희에게 준다.

그러나 피가 있는 고기를 그대로 먹어서는 안 된다. 피는 곧 그 생명이다. 너희 생명인 피를 흘리게 하는 자에게 나는 앙갚음을 하리라. 어떤 짐승에게도 앙갚음을 하리라. 사람이 같은 사람의 피를 흘리면, 그에게도 앙갚음을 하리라. 사람은 하느님의 모습으로 만들어졌으니 남의 피를 흘리는 사람은 제 피도 흘리게 되리라. 너희는 많이 낳고 불어나거라. 땅 가득히 퍼져 땅을 정복하여라."

창세기 9 : 1-7

3. 타락墮落된 인간과 세계

≪성서≫는 비록 인간 및 세계가 선善하게 창조되었으나, 인간의 죄악과 타락으로 인해 인간은 물론 그가 속한 사회 및 자연 모두가 황폐화되어 가고 있음을 지적한다. 하느님에 대한 인간의 등돌림, 곧 하느님처럼 되려는 인간의 욕망은 인간 상호간의 갈등과 미움을 낳고, 그 결과 전全 자연과도 적대적 관계에 놓일 수밖에 없음을 신화적 방식으로 언표하고 있는 것이다.

1) 아담과 하와, 카인의 범죄

야훼 하느님께서 만드신 들짐승 가운데 제일 간교한 것이 뱀이었다. 그 뱀이 여자에게 물었다. "하느님이 너희더러 이 동산에 있는 나무 열매는 하나도 따 먹지 말라고 하셨다는데, 그것이 정말이냐?"

여자가 뱀에게 대답하였다. "아니다. 하느님께서는 이 동산에 있는 나무 열매는 무엇이든지 마음대로 따 먹되, 죽지 않으려거든 이 동산 한가운데 있는 나무 열매만은 따 먹지도 말고 만지지도 말라고 하셨다." 그러자 뱀이 여자를 꾀었다. "절대로 죽지 않는다. 그 나무 열매를 따 먹기만 하면 너희의 눈이 밝아져서 하느님처럼 선善과 악惡을 알게 될 줄을 하느님이 아시고 그렇게 말하신 것이다."

여자가 그 나무를 쳐다보니 과연 먹음직하고 보기에 탐스러울 뿐더러 사람을 영리하게 해줄 것 같아서, 그 열매를 따 먹고 같이 사는 남편에게도 따주었다. 남편도 받아먹었다. 그러자 두 사람은 눈이 밝아져 자기들이 알몸인 것을 알고 무화과나무 잎을 엮어 앞을 가렸다.

창세기 3 : 1-7

아담이 아내 하와와 한자리에 들었더니 아내가 임신姙娠하여 카인을 낳고 이렇게 외쳤다. "야훼께서 나에게 아들을 주셨구나!" 하와는 또 카인의 아우 아벨을 낳았는데, 아벨은 양을 치는 목자牧者가 되었고 카인은 밭을 가는 농부農夫가 되었다.

때가 되어 카인은 땅에서 난 곡식을 야훼께 예물로 드렸고 아벨은 양 떼 가운데서 맏배의 기름기를 드렸다. 그런데 야훼께서는 아벨과 그가 바친 예물은 반기시고 카인과 그가 바친 예물은 반기지 않으셨다. 카인은 고개를 떨어뜨렸다. 몹시 화가 나 있었다.

야훼께서 이것을 보시고 카인에게 말씀하셨다. "너는 왜 그렇게 화가 났느냐? 왜 고개를 떨어뜨리고 있느냐? 네가 잘했다면 왜 얼굴을 쳐들지 못하느냐? 그러나 네가 만일 마음을 잘못 먹었다면, 죄가 네 문 앞에 도사리고 앉아 너를 노릴 것이다. 그러므로 너는 그 죄에 굴레를 씌워야 한다." 그러나 카인은 아우 아벨을 들로 가자고 꾀어 들로 데리고 나가서 달려들어 아우 아벨을 쳐 죽였다.

창세기 4 : 1-8

2) 인간 공동체의 파괴

야훼께서 카인에게 물으셨다. "네 아우 아벨이 어디 있느냐?" 카인은 "제가 아우를 지키는 사람입니까?" 하고 잡아떼며 모른다고 대답하였다. 그러나 야훼께서는 "네가 어찌 이런 일을 저질렀느냐?" 하시면서 꾸짖으셨다.

"네 아우의 피가 땅에서 나에게 울부짖고 있다. 땅이 입을 벌려 네 아우의 피를 네 손에서 받았다. 너는 저주를 받은 몸이니 이 땅에서 물러나야 한다. 네가 아무리 애써 땅을 갈아도 이 땅은 더 이상 소출을 내지 않을 것이다. 너는 세상을 떠돌아다니는 신세가 될 것이다."

창세기 4 : 9-12

야훼께서는 세상이 사람의 죄악罪惡으로 가득 차고 사람마다 못된 생각만 하는 것을 보시고, 왜 사람을 만들었던가 싶으시어 마음이 아프셨다. 야훼께서는 "내가 지어낸 사람이지만, 땅 위에서 쓸어버리리라. 공연히 사람을 만들었구나. 사람뿐 아니라 짐승과 땅 위를 기는 것과 공중의 새까지 모조리 없애버리리라. 공연히 만들었구나!" 하고 탄식하셨다. 창세기 6 : 5-7

바벨탑 The Little Tower of Babel
피테르 브뢰헬 Pieter Bruegel

온 세상이 한 가지 말을 쓰고 있었다. 물론 낱말도 같았다. 사람들은 동쪽에서 옮아오다가 시날 지방 한 들판에 이르러 거기 자리를 잡고는 의논하였다. "어서 벽돌을 빚어 불에 단단히 구워내자." 이리하여 사람들은 돌 대신에 벽돌을 쓰고, 흙 대신에 역청을 쓰게 되었다. 또 사람들은 의논하였다. "어서 도시를 세우고 그 가운데 꼭대기가 하늘에 닿게 탑을 쌓아, 우리 이름을 날려 사방으로 흩어지지 않도록 하자."

야훼께서 땅에 내려오시어 사람들이 이렇게 세운 도시와 탑을 보시고 생각하셨다. "사람들이 한 종족種族이라 말이 같아서 안 되겠구나. 이것은 사람들이 하려는 일의 시작에 지나지 않겠지. 앞으로 하려고만 하면 못할 일이 없겠구나. 당장 땅에 내려가서 사람들이 쓰는 말을 뒤섞어놓아 서로 알아듣지 못하게 해야겠다."

야훼께서는 사람들을 거기에서 온 땅으로 흩으셨다. 그리하여 사람들은 도시를 세우던 일을 그만두었다. 야훼께서 온 세상의 말을 거기에서 뒤섞어놓아 사람들을 온 땅에 흩으셨다고 해서 그 도시의 이름을 바벨이라고 불렀다. 창세기 11 : 1-9

3) 자연(땅)의 황폐화荒廢化

그리고 아담에게는 이렇게 말씀하셨다.

"너는 아내의 말에 넘어가 따 먹지 말라고 내가 일찍이 일러둔 나무 열매를 따 먹었으니,
땅 또한 너 때문에 저주를 받으리라.
너는 죽도록 고생해야 먹고 살리라.
들에서 나는 곡식을 먹어야 할 터인데,
땅은 가시덤불과 엉겅퀴를 내리라.
너는, 흙에서 난 몸이니
흙으로 돌아가기까지
이마에 땀을 흘려야 낟알을 얻어먹으리라.

너는 먼지이니 먼지로 돌아가리라." 창세기 3 : 17-19

밭에 씨를 아무리 많이 뿌려도 메뚜기 떼가 먹어버려 거둘 것이 얼마 되지 아니하겠고, 아무리 애써서 포도원을 가꾸고 심어도 벌레가 갉아먹어, 마실 포도주도 저장해둘 포도주도 없으리라. 또 너희 온 지경 안에 올리브 나무들이 있어도 그 열매가 떨어져서 몸에 바를 기름이 없으리라. 신명기 28 : 38-40

4. 하느님의 섭리攝理 : 지속된 창조

인간의 죄악罪惡으로 인해 인간과 전 세계가 타락되게 되었는데도 불구하고, ≪성서≫는 타락된 세계가 여전히 하느님의 은총과 섭리 속에 놓여 있음을 증거한다. 이로써 하느님은 인간 및 세상사의 주관자로서 당신이 지은 피조물들에 대한 끊임없는 배려를 나타내 보이시며, 모든 피조물들의 구원을 위해 세상 끝날까지 지속적으로 노력하시는 분이시다. 이러한 하느님의 섭리 활동을 위해 무엇보다 인간은 죄로부터 돌이켜 하느님 창조 활동의 도구가 되어야 할 것이 요청된다.

1) 인간 및 세상의 주관자主管者

야훼여, 당신께서는 나를 환히 아십니다.

내가 앉아도 아시고 서 있어도 아십니다.
멀리 있어도 당신은 내 생각을 꿰뚫어 보시고,
걸어갈 때나 누웠을 때나 환히 아시고,
내 모든 행실을 당신은 매양 아십니다.
입을 벌리기도 전에
무슨 소리 할지, 야훼께서는 다 아십니다.
앞뒤를 막으시고
당신의 손 내 위에 있사옵니다.
그 아심이 놀라워 내 힘 미치지 않고
그 높으심 아득하여 엄두도 아니 납니다.
당신 생각을 벗어나 어디로 가리이까?
당신 앞을 떠나 어디로 도망치리이까?
하늘에 올라가도 거기에 계시고
지하에 가서 자리 깔고 누워도 거기에도 계시며,
새벽의 날개 붙잡고 동녘에 가도,
바다 끝 서쪽으로 가서 자리를 잡아보아도,
거기에서도 당신 손은 나를 인도하시고
그 오른손이 나를 꼭 붙드십니다. 시편 139 : 1-10

공중空中의 새들을 보아라. 그것들은 씨를 뿌리거나 거두거나 곳간에 모아들이지 않아도 하늘에 계신 너희의 아버지께서 먹여주신다. 너희는 새보다 훨씬 귀하지 않느냐? 너희 가운데 누가 걱정한다고 목숨을 한 시간인들 더 늘일 수 있겠느냐? 또 너희는 어찌하여 옷 걱정을 하느냐? 들꽃이 어떻게 자라는가 살펴보아라. 그것들은 수고도 하지 않고 길쌈도 하지 않는다. 그러나 온갖 영화를 누린 솔로몬도 이 꽃 한 송이만큼 화려하게 차려 입지 못하였다. 너희는 어찌하여 그렇게도 믿음이 약하냐?

오늘 피었다가 내일 아궁이에 던져질 들꽃도 하느님께서 이처럼 입히시거든 하물며 너희야 얼마나 더 잘 입히시겠느냐?

마태오의 복음서 6 : 26-30

2) 심판과 구원의 회복

앞으로 내가 이스라엘과 유다의 가문과 새 계약契約을 맺을 날이 온다. 나 야훼가 분명히 일러둔다. 이 새 계약은 그 백성의 조상들의 손을 잡아 이집트에서 데리고 나오던 때에 맺은 것과는 같지 않다. 나는 그들을 내 것으로 삼았지만, 그들은 나와 맺은 계약을 깨뜨리고 말았다.

귀담아 들어라. 그날 내가 이스라엘 가문家門과 맺을 계약이란 그들의 가슴에 새겨줄 내 법法을 말한다. 내가 분명히 말해둔다. 그 마음에 내 법을 새겨주어, 나는 그들의 하느님이 되고 그들은 내 백성이 될 것이다.

내가 그들의 잘못을 다시는 기억하지 아니하고 그 죄를 용서해 주리니, 다시는 이웃이나 동기끼리 서로 깨우쳐주며 야훼의 심정을 알아드리자고 하지 않아도 될 것이며, 높은 사람이나 낮은 사람이나 내 마음을 모르는 사람이 없으리라. 이는 내 말이라, 어김이 없다.

예레미야 31 : 31-34

3) 피조물被造物을 향한 배려

"나는 너희와 계약을 세워 다시는 홍수洪水로 모든 동물을 없애버리지 않을 것이요, 다시는 홍수로 땅을 멸하지 않으리라."

하느님께서 또 말씀하셨다.

"너뿐 아니라 너와 함께 지내며 숨쉬는 모든 짐승과 나 사이에 대대로 세우는 계약의 표標는 이것이다. 내가 구름 사이에 무지개를 둘 터이니, 이것이 나와 땅 사이에 세워진 계약의 표가 될 것이다.

내가 구름으로 땅을 덮을 때, 구름 사이에 무지개가 나타나면, 나는 너뿐 아니라 숨쉬는 모든 짐승과 나 사이에 세워진 내 계약을 기억하고, 다시는 물이 홍수가 되어 모든 동물을 쓸어버리지 못하게 하리라. 무지개가 구름 사이에 나타나면, 나는 그것을 보고 하느님과 땅에 살고 있는 모든 동물 사이에 세워진 영원한 계약을 기억할 것이다."

하느님께서는 노아에게 "이것이 땅 위에 있는 모든 짐승과 나 사이에 세워진 계약의 표이다." 하고 다시 다짐하셨다.

창세기 9 : 11-17

너희가 만일 내가 정해준 규정規定들을 따르고, 내가 지시한 계명들을 지켜 그대로 하면 내가 너희에게 제때에 비를 내려주리니, 땅은 소출所出을 내고 들의 나무들은 열매를 맺을 것이다. 너희는 타작이 끝나면 포도를 따고 포도를 따고 나면 씨앗을 심게 될 것이다.

그래서 너희는 마음껏 먹으며 너희 땅에서 안심하고 살게 되리라. 내가 그 땅에 평화平和를 주리니, 너희는 다리를 뻗고 잘 수 있으리라. 나는 맹수를 너희 땅에서 몰아낼 것이며 칼싸움이 너희의 땅을 휩쓸지 못하게 하리라. 레위기 26 : 3-6

5. 악惡 : 하느님의 '의義'의 문제

≪성서≫ 속의 인간들에게나 오늘의 우리들에게나 '악'의 문제는 불가해不可解한 것이 아닐 수 없다. 하느님이 선하시고 의로우신 창조주라면 그리고 전능하신 분이라면, 어찌 이 세계 속에 악이 만연하고 더욱이 의로운 자들이 고통을 당하는가 하는 질문은, 고통스런 물음들이다.

≪성서≫는 이러한 불가해한 일들을 숨기려고 하지 않는다. 그러나 ≪성서≫는 악의 문제를 신앙의 사실로 받아들이지 결코 합리적, 지식적 논증과 관계시키지 않는다. 그로써 그리스도교 신앙은 악의 문제에 직면해서도 하느님의 의義의 통치의 순간을 기다린다.

1) 인간의 고통과 역사 속의 악惡과 불의不義

숨 쉬는 일이 이다지도 괴로워서
나의 슬픔을 하느님께 아뢰고
아픈 마음을 쏟아놓지 않을 수 없구나.
나 이제 하느님께 아뢥니다.
나를 죄인으로 다루지 마소서.
어찌하여 이런 시련을 내리십니까?
그 까닭이라도 알려주소서.
당신께서 손수 만드신 것을
억압하고 멸시하시는 것이 기쁘십니까?
악인의 꾀가 마음에 드십니까?
당신의 눈은 사람의 눈과 같으시며
사람이 보는 만큼밖에는 보지 못하십니까?
당신의 수명은 사람의 수명과 같으시며
인간이 사는 만큼밖에는 살지 못하십니까?
당신께서 하시는 일이란 이 몸의 허물이나 들추어내고
이 몸의 죄나 찾아내는 것입니까?
당신께서는 내가 죄인이 아님을 아시고
또 아무도 이 몸을 당신의 손에서 빼낼 수 없음도 아십니다.
당신께서는 나를 손수 빚어 만드시고는
이제 마음을 바꾸시어 나를 없애버리시렵니까?
이 몸을 진흙으로 빚으셨음을 잊지 마소서.

어찌 다시 흙으로 돌려보내시려 하십니까? 욥기 10 : 1-9

예수께서 길을 가시다가 태어나면서부터 눈먼 소경을 만나셨는데 제자들이 예수께 "선생님, 저 사람이 소경으로 태어난 것은 누구의 죄입니까? 자기 죄입니까? 그 부모의 죄입니까?" 하고 물었다.

예수께서는 이렇게 대답하셨다. "자기 죄 탓도 아니고 부모의 죄 탓도 아니다. 다만 저 사람에게서 하느님의 놀라운 일을 드러내기 위한 것이다." 요한의 복음서 9 : 1-3

2) 하느님의 의義의 통치統治

하느님께서 신神들을 모으시고
그 가운데 서시어 재판하신다.
"언제까지 너희는 불공평한 재판을 하려는가?
언제까지 악인에게 편들려는가?(셀라)
약한 자와 고아를 보살펴주고
없는 이와 구차한 이들에게 권리 찾아주며
가난한 자와 약자들을 풀어주어라.
악인의 손에서 구해주어라."
그들은 분별력도 없고 깨닫지도 못하여
어둠 속을 헤매고만 있으니
세상이 송두리째 흔들린다.
"나의 선고宣告를 들어라.

너희가 비록 신들이요
모두 지극히 높으신 이의 아들들이나
그러나 너희는 보통 인간처럼 죽겠고
여느 군주君主처럼 넘어지리라."
하느님이여,
일어나시어 온 세상을 재판하소서.
만백성이 당신의 것이옵니다. 시편 82 : 1-8

6. 인간과 자연의 운명 공동체共同體

≪성서≫는 인간과 자연이 별도의 존재가 아니라 운명 공동체임을 증거한다. 인간의 타락으로 자연이 황폐해졌다면 곧 하느님께로 돌이킴으로써, 인간의 구원 즉 자연과 인간의 화해和解가 동시에 이루어진다는 사실을 강조하는 것이다. 그렇기에 현금現今의 황폐화된 자연이 기다리고 바라는 것은, 하느님 형상으로 지음을 받은 인간이 새로운 존재로 변화되는 것이라고 ≪성서≫는 말하고 있다.

1) 피조물被造物의 탄식과 구원

흙아, 두려워 마라.
기뻐하고 즐거워하여라.

야훼께서 큰일을 이루셨다.
짐승들아, 두려워 마라.
들판의 목장牧場은 푸르렀고
나무들엔 열매가 열렸다.
무화과나무와 포도덩굴에 열매가 주렁주렁 달렸다.
시온의 자녀들아,
야훼 너희 하느님께 감사하여
기뻐 뛰어라.
너희 하느님께서 가을비를 흠뻑 주시고
겨울비도 내려주시고
봄비도 전처럼 내려주시리니,
타작 마당에는 곡식이 그득그득 쌓이고
독마다 포도주와 기름이 넘치리라. 요엘 2 : 21-24

모든 피조물은 하느님의 자녀가 나타나기를 간절히 기다리고 있습니다. 피조물이 제구실을 못하게 된 것은 제 본의本意가 아니라 하느님께서 그렇게 만드신 것입니다. 그러나 거기에는 희망이 있습니다. 곧 피조물에게도 멸망의 사슬에서 풀려나서 하느님의 자녀들이 누리는 영광스러운 자유에 참여할 날이 올 것입니다.

우리는 모든 피조물이 오늘날까지 다 함께 신음하며 진통을 겪고 있다는 것을 알고 있습니다. 피조물만이 아니라 성령을 하느님의 첫 선물로 받은 우리 자신도 하느님의 자녀가 되는 날과 우리의 몸이 해방될 날을 고대하면서 속으로 신음하고 있습니다.

로마인들에게 보낸 편지 8 : 19-23

2) 새로운 피조물로서의 인간

누구든지 그리스도를 믿으면 새 사람이 됩니다. 낡은 것은 사라지고 새것이 나타났습니다. 이것은 모두 다 하느님께로부터 왔습니다. 하느님께서는 그리스도를 내세워 우리를 당신과 화해하게 해주셨고, 또 사람들을 당신과 화해시키는 임무를 우리에게 주셨습니다. 곧 하느님께서는 인간의 죄를 묻지 않으시고 그리스도를 내세워 인간과 화해하셨습니다. 그리고 그 화해의 이치를 우리에게 맡겨 전하게 하셨습니다.

고린토인들에게 보낸 둘째 편지 5 : 17-19

그러나 나에게는 우리 주 예수 그리스도의 십자가밖에는 아무것도 자랑할 것이 없습니다. 그리스도께서 십자가에 못 박히심으로써 세상은 나에 대해서 죽었고 나는 세상에 대해서 죽었습니다. 할례를 받고 안 받는 것이 문제가 아니라 새로운 사람이 되는 것이 중요합니다. 이 법칙을 따라서 사는 사람들에게, 그리고 하느님의 백성 이스라엘에게 평화와 자비가 있기를 빕니다.

갈라디아인들에게 보낸 편지 6 : 14-16

7. 그리스도 안에서의 화해와 새 창조(종말)

그리스도교는 궁극적으로 그리스도 안에서 모든 갈등과 분열들이 치유되고 전적으로 새로운 세상이 완성되어간다는, 우주적 종말론적 존재로서의 그리스도에 대한 믿음 위에 기초하고 있다. 따라서 그리스도교는 창조된 세계를 선악 이원론으로 이해하는 세계관과는 전적으로 다른 것으로서, 그리스도 안에서 모든 창조물들이 해방과 구원을 이룰 수 있다고 믿는 종말론적 완성의 종교인 것이다.

1) 창조와 세계의 완성으로서의 그리스도

그리스도께서는 보이지 않는 하느님의 형상이시며 만물에 앞서 태어나신 분이십니다. 그것은 하늘과 땅에 있는 만물, 곧 보이는 것은 물론이고, 왕권과 주권과 권세와 세력의 여러 천신들과 같은 보이지 않는 것까지도 모두 그분을 통해서 창조되었기 때문입니다. 만물은 그분을 통해서 그리고 그분을 위해서 창조되었습니다. 그분은 만물보다 앞서 계시고 만물은 그분으로 말미암아 존속存續합니다.

그리스도는 또한 당신의 몸인 교회의 머리이십니다. 그분은 모든 것의 시작이시고 죽은 자들 가운데서 살아나신 최초의 분이시며 만물의 으뜸이 되셨습니다. 하느님께서는 당신의 완전한 본질을 그리스도에게 기꺼이 주시고, 그리스도를 내세워 하늘과 땅의 만물을 당신과 화해시켜 주셨습니다. 곧 십자가에서 흘리신 예수의 피로써 평화를 이룩하셨습니다.

골로사이인들에게 보낸 편지 1 : 15-20

2) '모든 것 속에서 모든 것 되시는' 하느님

우리에게는 아버지가 되시는 하느님 한 분이 계실 뿐입니다. 그 분은 만물을 창조하신 분이며 우리는 그분을 위해서 있습니다. 또 주님은 예수 그리스도 한 분이 계실 뿐이고, 그분을 통해서 만물이 존재하고 우리도 그분으로 말미암아 살아갑니다.

고린토인들에게 보낸 첫째 편지 8 : 6

모든 것은 그분에게서 나오고 그분으로 말미암고 그분을 위하여 있습니다. 영원토록 영광을 그분께 드립니다. 아멘.

로마인들에게 보낸 편지 11 : 36

만민의 아버지이신 하느님도 한 분이십니다. 그분은 만물 위에 계시고 만물을 꿰뚫어 계시며 만물 안에 계십니다.

에페소인들에게 보낸 편지 4 : 6

제4장

인간과 종교적 체험

그리스도의 세례 The baptism of Christ
안드레아 델 베로키오 Andrea del Verrocchio,
레오나르도 다 빈치 Leonardo da Vinci

≪성서≫의 증언에 의하면, 하나님의 창조 속에서 유일하게 인간만이 하느님의 형상대로 지어졌다. 지금까지 그리스도교는 하느님 형상에 대한 해석으로서 인간의 이성능력理性能力 혹은 땅에 대한 지배능력(문화창조자) 등을 말해왔다. 그러나 하느님 형상에 대한 성서적 의미는 다음과 같은 것이다.

첫째는 인간만이 창조주이신 하느님과 자유로이 말하며 응답하는 존재이며, 둘째는 인간은 자신의 정체성을 하느님이 창조하신 세계 내의 모든 피조물들과의 공존하는 능력 속에서 찾아야 하며, 그리고 마지막으로 인간은 실현되지 않은 삶의 완성을 위해 존재하는, 즉 하느님과 함께 하는 미래적 목적을 향한 도상道上의 존재라는 것이다.

동시에 그리스도교는 인간의 죄로 인해 선한 인간 본성本性이 완전히 타락해버렸다는 현실적 인간 이해를 강조한다. 인간 세계 속에 보이는 분열, 무질서, 소외, 잔인성, 그리고 억압 등이 그 리얼리티인 것이다. 에덴동산과 인간의 타락에 관한 ≪성서≫ 이야기는 죄罪의 기원에 관한 설명이 아니라 현실적으로 경험 가능한 죄의 보편성에 대한 상상력 넘치는 표현이라고 할 수 있겠다.

그리스도교는 또한 죄의 속박으로부터 인간이 전적으로 자유로워질 수 있는 낙관론적 인간 이해를 마지막 결론으로 하고 있다. 바로 예수 그리스도 안에서 인간에게 보여주신 하느님의 사랑을 절대적으로 신뢰할 때 모든 인간은 새로운 피조물이 될 수 있다는 것이다. 그리스도 안에서 새로운 피조물이 된 인간은 그로써 자신의 동료들과의 연대성은 물론, 자연과의 운명 공동체성을 회복하고 완성시키는 하나님의 대리자代理者가 된 것이다.

이러한 새로운 인간 존재를 위해 그리스도교는 회심回心과 칭의稱義를 신앙체험의 첫걸음으로 강조한다. 모든 인간을 살리는 생명의 영으로 활동하시는 하느님은 인간들에게 죄인된 삶으로부터의 전향을 촉구하시는바, 그에 대한 응답으로서 회심이 가능해지고 그로 인해 하느님에 의해 의롭다 함을 인정받는 칭의(혹은 의화義化) 사건이 발생하게 되며 바로 여기에서 믿음의 세계가 열리게 되는 것이다.

이러한 신앙체험 속에서 인간은 하느님 형상을 닮아가기 위해 더욱 노력하게 되는데, 사랑과 인내와 같은 구체적인 신앙의 열매를 맺게 되는 인간의 영적 현실태를 신생新生, 중생重生, 또는 성화聖化라고 명명한다. 이러한 종교체험이 자신 속에서 이루어지고 있음을 보며, 그리고 그런 신앙적 삶을 살도록 불렸다는 자의식 속에서 그리스도교는 인간의 선택과 소명감을 가르치고 있는 것이다.

1. 하느님의 형상形象으로서의 인간

그리스도교는 인간이 하느님의 형상으로 창조되었다고 이해한다. 그러나 이로써 인간이 창조된 세계의 정점임을 말하고 있지는 않다. 오히려 하느님이 당신이 지은 피조물들에게 반복적으로 은총의 행위를 베푸시는 것처럼, 피조물에 대해 그에 상응하는 행동을 요구하는 데에 하느님 형상의 본뜻이 있는 것이다. 동시에 ≪성서≫는 인간이 흙으로 지어진 존재로서 자연을 떠나서는 존재할 수 없고, 하느님의 영이 없으면 그 생명을 유지할 수 없다는 인간의 한계성을 말하고 있기도 하다.

1) 창조의 면류관

하느님께서는 "우리 모습을 닮은 사람을 만들자! 그래서 바다의 고기와 공중의 새, 또 집짐승과 모든 들짐승과 땅 위를 기어 다니는 모든 길짐승을 다스리게 하자!" 하시고, 당신의 모습대로 사람을 지어내셨다.

하느님의 모습대로 사람을 지어내시되 남자와 여자로 지어내시고 하느님께서는 그들에게 복을 내려주시며 말씀하셨다. "자식을 낳고 번성하여 온 땅에 퍼져서 땅을 정복하여라. 바다의 고기와 공중의 새와 땅 위를 돌아다니는 모든 짐승을 부려라!"

창세기 1 : 26-28

2) 흙으로 지어진 영적靈的 존재

야훼 하느님께서 땅과 하늘을 만드시던 때였다. 땅에는 아직 아무 나무도 없었고, 풀도 돋아나지 않았다. 야훼 하느님께서 아직 땅에 비를 내리지 않으셨고 땅을 갈 사람도 아직 없었던 것이다. 마침 땅에서 물이 솟아 온 땅을 적시자 야훼 하느님께서 진흙으로 사람을 빚어 만드시고 코에 입김을 불어넣으시니, 사람이 되어 숨을 쉬었다. 창세기 2 : 5-7

3) 동산의 청지기

야훼 하느님께서 아담을 데려다가 에덴에 있는 이 동산을 돌보게 하시며 이렇게 이르셨다.

"이 동산에 있는 나무 열매는 무엇이든지 마음대로 따 먹어라. 그러나 선善과 악惡을 알게 하는 나무 열매만은 따 먹지 마라. 그것을 따 먹는 날, 너는 반드시 죽는다." 창세기 2 : 15-17

4) 남자와 여자의 탄생 의미

당신의 모습대로 사람을 지어내셨다. 하느님의 모습대로 사람을 지어내시되 남자와 여자로 지어내시고 하느님께서는 그들에게 복을 내려주시며 말씀하셨다.

"자식을 낳고 번성하여 온 땅에 퍼져서 땅을 정복하여라. 바다의 고기와 공중의 새와 땅 위를 돌아다니는 모든 짐승을 부려라!"

창세기 1 : 27, 28

야훼 하느님께서는 "아담이 혼자 있는 것이 좋지 않으니, 그의 일을 거들 짝을 만들어주리라." 하시고, 들짐승과 공중의 새를 하나하나 진흙으로 빚어 만드시고, 아담에게 데려다 주시고는 그가 무슨 이름을 붙이는가 보고 계셨다. 아담이 동물 하나하나에게 붙여준 것이 그대로 그 동물의 이름이 되었다. 이렇게 아담은 집짐승과 공중의 새와 들짐승의 이름을 붙여주었지만 그 가운데는 그의 일을 거들 짝이 보이지 않았다.

그래서 야훼 하느님께서 아담을 깊이 잠들게 하신 다음, 아담의 갈빗대를 하나 뽑고 그 자리를 살로 메우시고는 그 갈빗대로 여자를 만드신 다음, 아담에게 데려오시자 아담은 이렇게 외쳤다.

"드디어 나타났구나!
내 뼈에서 나온 뼈요,
내 살에서 나온 살이로구나.
지아비에게서 나왔으니
지어미라고 부르리라!"

이리하여 남자는 어버이를 떠나 아내와 어울려 한 몸이 되게 되었다. 아담 내외內外는 알몸이면서도 서로 부끄러운 줄을 몰랐다.

창세기 2 : 18-25

2. 낙원樂園으로부터 추방된 타락된 존재

하느님에 의해 창조된 에덴동산을 충실히 돌보고 지키라는 책임을 맡은 인간은 하느님께서 금지한 선악과善惡果를 먹음으로써 하느님, 자연, 그리고 동료 인간으로부터 소외되고 분리되는 고통을 겪게 된다.

다시 말해 하느님처럼 되려는 유혹을 떨쳐버리지 못한 인간은 낙원에서 추방되고 자연으로부터 홀대忽待받는 삶을 살지 않을 수 없게 된 것이다. 지식의 한계를 인정치 않는 현대 문명에 대한 경고로도 읽혀지는 대목이기도 하다.

1) 금단禁斷의 열매(선악과善惡果)를 먹은 인간

야훼 하느님께서 만드신 들짐승 가운데 제일 간교한 것이 뱀이었다. 그 뱀이 여자에게 물었다. "하느님이 너희더러 이 동산에 있는 나무 열매는 하나도 따 먹지 말라고 하셨다는데 그것이 정말이냐?"

여자가 뱀에게 대답하였다. "아니다. 하느님께서는 이 동산에 있는 나무 열매는 무엇이든지 마음대로 따 먹되, 죽지 않으려거든 이 동산 한가운데 있는 나무 열매만은 따 먹지도 말고 만지지도 말라고 하셨다."

그러자 뱀이 여자를 꾀었다. "절대로 죽지 않는다. 그 나무 열매를 따 먹기만 하면 너희의 눈이 밝아져서 하느님처럼 선과 악을 알게 될 줄을 하느님이 아시고 그렇게 말하신 것이다." 여자가 그 나무를 쳐다보니 과연 먹음직하고 보기에 탐스러울 뿐더러 사람을 영리하게 해줄 것 같아서, 그 열매를 따 먹고 같이 사는 남편에게도 따 주었다. 남편도 받아먹었다. 그러자 두 사람은 눈이

밝아져 자기들이 알몸인 것을 알고 무화과나무 잎을 엮어 앞을 가렸다. 창세기 3 : 1-7

2) 저주받은 노동 : 낙원樂園으로부터의 추방

그리고 아담에게는 이렇게 말씀하셨다.
"너는 아내의 말에 넘어가
따 먹지 말라고 내가 일찍이 일러둔
나무 열매를 따 먹었으니,
땅 또한 너 때문에 저주를 받으리라.
너는 죽도록 고생해야 먹고 살리라.
들에서 나는 곡식을 먹어야 할 터인데,
땅은 가시덤불과 엉겅퀴를 내리라.
너는, 흙에서 난 몸이니
흙으로 돌아가기까지
이마에 땀을 흘려야 낟알을 얻어먹으리라.
너는 먼지이니 먼지로 돌아가리라." 창세기 3 : 7-19

그러나 야훼께서는 "네가 어찌 이런 일을 저질렀느냐?" 하시면서 꾸짖으셨다. "네 아우의 피가 땅에서 나에게 울부짖고 있다. 땅이 입을 벌려 네 아우의 피를 네 손에서 받았다. 너는 저주를 받은 몸이니 이 땅에서 물러나야 한다. 네가 아무리 애써 땅을 갈아도 이 땅은 더 이상 소출을 내지 않을 것이다. 너는 세상을 떠돌아다

니는 신세가 될 것이다." 창세기 4 : 10-12

3) 공동체성의 파괴

날이 저물어 선들바람이 불 때 야훼 하느님께서 동산을 거니시는 소리를 듣고, 아담과 그의 아내는 야훼 하느님 눈에 뜨이지 않게 동산 나무 사이에 숨었다. 야훼 하느님께서 아담을 부르셨다. "너 어디 있느냐?" 아담이 대답하였다. "당신께서 동산을 거니시는 소리를 듣고 알몸을 드러내기가 두려워 숨었습니다." "네가 알몸이라고 누가 일러주더냐? 내가 따 먹지 말라고 일러둔 나무 열매를 네가 따 먹었구나!"

하느님께서 이렇게 말씀하시자 아담은 핑계를 대었다. "당신께서 저에게 짝지어주신 여자가 그 나무에서 열매를 따주기에 먹었을 따름입니다."

야훼 하느님께서 여자에게 물으셨다. "어쩌다가 이런 일을 했느냐?" 여자도 핑계를 대었다. "뱀에게 속아서 따 먹었습니다."

창세기 3 : 8-13

아담이 아내 하와와 한자리에 들었더니 아내가 임신하여 카인을 낳고 이렇게 외쳤다. "야훼께서 나에게 아들을 주셨구나!" 하와는 또 카인의 아우 아벨을 낳았는데, 아벨은 양을 치는 목자가 되었고 카인은 밭을 가는 농부가 되었다.

때가 되어 카인은 땅에서 난 곡식을 야훼께 예물로 드렸고 아벨은 양 떼 가운데서 만배의 기름기를 드렸다. 그런데 야훼께서는 아벨과 그가 바친 예물은 반기시고 카인과 그가 바친 예물은 반기지 않으셨다. 카인은 고개를 떨어뜨렸다. 몹시 화가 나 있었다.

야훼께서 이것을 보시고 카인에게 말씀하셨다. "너는 왜 그렇게 화가 났느냐? 왜 고개를 떨어뜨리고 있느냐? 네가 잘했다면 왜 얼굴을 쳐들지 못하느냐? 그러나 네가 만일 마음을 잘못 먹었다면, 죄가 네 문 앞에 도사리고 앉아 너를 노릴 것이다. 그러므로 너는 그 죄에 굴레를 씌워야 한다." 그러나 카인은 아우 아벨을 들로 가자고 꾀어 들로 데리고 나가서 달려들어 아우 아벨을 쳐 죽였다.

야훼께서 카인에게 물으셨다. "네 아우 아벨이 어디 있느냐?" 카인은 "제가 아우를 지키는 사람입니까?" 하고 잡아떼며 모른다고 대답하였다. 그러나 야훼께서는 "네가 어찌 이런 일을 저질렀느냐?" 하시면서 꾸짖으셨다. "네 아우의 피가 땅에서 나에게 울부짖고 있다."

창세기 4 : 1-10

4) 하느님과 같이 되려고 함(교만)

그러자 뱀이 여자를 꾀었다. "절대로 죽지 않는다. 그 나무 열매를 따 먹기만 하면 너희의 눈이 밝아져서 하느님처럼 선과 악을 알게 될 줄을 하느님이 아시고 그렇게 말하신 것이다."

창세기 3 : 4, 5

온 세상이 한 가지 말을 쓰고 있었다. 물론 낱말도 같았다. 사람들은 동쪽에서 옮아오다가 시날 지방 한 들판에 이르러 거기 자리를 잡고는 의논하였다. "어서 벽돌을 빚어 불에 단단히 구워내자." 이리하여 사람들은 돌 대신에 벽돌을 쓰고, 흙 대신에 역청을 쓰게 되었다. 또 사람들은 의논하였다. "어서 도시를 세우고 그 가운데 꼭대기가 하늘에 닿게 탑을 쌓아, 우리 이름을 날려 사방으로 흩어지지 않도록 하자." 창세기 11 : 1-4

3. 율법律法과 죄罪 아래 있는 인간

≪구약성서≫는 율법과 계명을 통해 인간이 질서 있는 삶을 살 수 있고 공동체를 유지할 수 있다고 가르쳐왔다. 그러나 신약시대에 이르면, 율법이 오히려 인간을 옭아매고 인간을 부자유하게 하는 멍에가 된다고 가르친다.

율법을 강조하면 할수록 어느 누구도 구원의 길을 얻을 수 없게 된다는 것이다. 이로부터 ≪신약성서≫는 율법 아래 있는 인간은 육체를 따르는 삶을 사는 죄인으로 이해하고, 그리스도의 은총, 곧 믿음으로 사는 삶과 대비시켜 설명하고 있다.

1) 우상숭배(하느님 부인否認)

이렇게 모두들 지각知覺이 없고 철이 없는 것들, 눈은 닫혀 아무것도 보지 못하고 마음은 어두워 아무것도 깨닫지 못하는 것들.

"반 토막으로는 불을 피우고 그 이글이글 타는 장작불에 빵을 굽고 고기를 구워 먹자. 남은 토막으로는 신상神像을 만들어놓고 그 나무토막 앞에 엎드리자." 하고 말하는, 생각도 없고 지각도 없고 철도 없는 것들. 재티나 먹고 사는 것들. 생각이 비뚤어져 터무니없는 짓이나 하는 것들. "내 오른손에 붙잡고 있는 것이 허수아비나 아닐까?" 하고 반성하기는커녕 그 터무니없는 생각에서 도무지 헤어나지를 못하는구나. 이사야 44 : 18-20

그 때문에 하느님께서는 사람들이 자기 욕정대로 살면서 더러운 짓을 하여 서로의 몸을 욕되게 하는 것을 그대로 내버려두셨습니다. 사람들은 하느님의 진리를 거짓과 바꾸고 창조주 대신에 피조물을 예배하고 섬겼습니다. 그러나 영원히 찬양을 받으실 분은 창조주이십니다. 아멘. 로마인들에게 보낸 편지 1 : 24-25

2) 탐욕貪慾과 욕심慾心

"율법학자들과 바리사이파 사람들아, 너희 같은 위선자僞善者들은 화를 입을 것이다. 너희는 잔과 접시의 겉만은 깨끗이 닦아놓지만 그 속에는 착취와 탐욕이 가득 차 있다. 이 눈먼 바리사이파 사람들아, 먼저 잔 속을 깨끗이 닦아라. 그래야 겉도 깨끗해질 것이다." 마태오의 복음서 23 : 25, 26

예수께서 길을 떠나시는데 어떤 사람이 달려와서 그 앞에 무릎을 꿇고 "선하신 선생님, 제가 무엇을 해야 영원한 생명을 얻겠습니까?" 하고 물었다.

예수께서는 이렇게 대답하셨다. "왜 나를 선하다고 하느냐? 선하신 분은 오직 하느님뿐이시다. '살인하지 마라.' '간음하지 마라.' '도둑질하지 마라.' '거짓 증언하지 마라.' '남을 속이지 마라.' '부모를 공경하여라.' 한 계명들을 너는 알고 있을 것이다." 그 사람이 "선생님, 그 모든 것은 제가 어려서부터 다 지켜왔습니다." 하고 대답하였다.

예수께서는 그를 유심히 바라보시고 대견해 하시며 이렇게 말씀하셨다. "너에게 한 가지 부족한 것이 있다. 가서 가진 것을 다 팔아 가난한 사람들에게 나누어주어라. 그러면 하늘에서 보화寶貨를 얻게 될 것이다. 그러니 내가 시키는 대로 하고 나서 나를 따라오너라." 그러나 그 사람은 재산財産이 많았기 때문에 이 말씀을 듣고 울상이 되어 근심하며 떠나갔다. 마르코의 복음서 10 : 17-22

3) 육체를 따르는 삶 : 하느님의 진노震怒

인간이 이렇게 타락했기 때문에 하느님께서는 그들이 부끄러운 욕정에 빠지는 것을 그대로 내버려두셨습니다. 여자들은 정상적인 성행위 대신 비정상적인 것을 즐기며, 남자들 역시 여자와의 정상적인 성관계를 버리고 남자끼리 정욕情慾의 불길을 태우면서 서로 어울려서 망측한 짓을 합니다. 이렇게 그들은 스스로 그 잘못에 대한 응분의 벌을 받고 있습니다. 인간이 하느님을 알아보려고도 하지 않았기 때문에 하느님께서는 그들이 올바른 판단력을 잃고, 해서는 안 될 일들을 하게 내버려두셨습니다.

그래서 인간은 온갖 부정과 부패와 탐욕과 악독으로 가득 차 있으며, 시기와 살의와 분쟁과 사기와 악의에 싸여서 없는 말을 지어내고, 서로 헐뜯고 하느님의 미움을 사고 난폭하고 거만하며 제 자랑만 하고 악한 일을 꾀하고 부모를 거역할 뿐더러 분별력도, 신의도, 온정도, 자비도 없습니다.

그런 모양으로 사는 자는 마땅히 죽어야 한다는 하느님의 법을 잘 알면서도, 그들은 자기들만 그런 짓들을 행하는 게 아니라 그런 짓들을 행하는 남들을 두둔하기까지 합니다.

로마인들에게 보낸 편지 1 : 26-32

내 말을 잘 들으십시오. 육체의 욕정을 채우려 하지 말고 성령께서 이끄시는 대로 살아가십시오. 육체의 욕망은 성령을 거스르고 성령께서 원하시는 것은 육정을 거스릅니다. 이 둘은 서로 반대되는 것이기 때문에 여러분은 자기가 원하는 일을 할 수 없게 됩니다. 성령을 따라 사는 사람은 율법의 지배를 받지 않습니다.

육정肉情이 빚어내는 일은 명백합니다. 곧 음행, 추행, 방탕, 우상 숭배, 마술, 원수 맺는 것, 싸움, 시기, 분노, 이기심, 분열, 당파심, 질투, 술주정, 흥청대며 먹고 마시는 것, 그 밖에 그와 비슷한 것들입니다. 내가 전에도 경고한 바 있지만 지금 또다시 경고합니다. 이런 짓을 일삼는 자들은 결코 하느님 나라를 차지하지 못할

것입니다. 갈라디아인들에게 보낸 편지 5 : 16-21

4) 인간죄人間罪의 보편성

≪성서≫에도 이런 말씀이 있습니다.

"올바른 사람은 없다.
단 한 사람도 없다.
깨닫는 사람도, 하느님을 찾는 사람도 없다.
모두가 비뚤어져 쓸모없게 되었다.
선한 일을 하는 사람은 없다.
단 한 사람도 없다.
그들의 목구멍은 열린 무덤이며
그들의 혀는 거짓을 말하고,
입술에는 독사의 독이 흐르니
그들의 입은 저주와 독설로 가득하다.
그들의 발은 피 흘리는 일에 날쌔며
간 데마다 파괴와 비참을 남긴다.
그들은 평화의 길을 알지 못하고
그들의 눈에는 하느님을 두려워하는 기색이 없다."

로마인들에게 보낸 편지 3 : 10-18

한 사람이 죄를 지어 이 세상에 죄가 들어왔고 죄는 또한 죽음을 불러들인 것같이, 모든 사람이 죄를 지어 죽음이 온 인류에게 미치게 되었습니다. 율법을 주시기 전에도 죄는 세상에 있었습니다. 다만 율법이 없었기 때문에 그 죄가 법의 다스림을 받지 않았을 뿐입니다.

그러나 죽음은 아담으로부터 모세에 이르기까지 모든 사람을 지배하였는데, 아담이 지은 것과 같은 죄를 짓지 않은 사람들까지도 그 지배를 받았습니다. 그런데 아담은 장차 오실 분의 원형原型이었습니다.

로마인들에게 보낸 편지 5 : 12-14

4. 그리스도 안에서의 새로운 인간

율법을 통해서 인간이 구원받을 수 없다고 본 ≪신약성서≫는, 예수 그리스도의 값없이 주시는 은총과 그에 대한 믿음으로 인해 인간 구원이 가능하다고 진술한다. 인간이 자신의 죄에 대해 회개하는 것도 하느님의 은총으로부터 가능하다고 본다.

율법 곧 육체로부터 완전히 자유롭게 된 인간은 새롭게 거듭난 피조물로서 평화를 만들어내는 하느님의 동역자同役者가 될 수 있다. ≪성서≫는 이러한 상태를 '내 안에 그리스도가 살고 그리스도 안에 내가 산다.'고 말하고 있다.

1) 하느님의 형상 회복回復

여러분은 모두 믿음으로 그리스도 예수와 함께 삶으로써 하느님의 자녀가 되었습니다. 세례를 받아서 그리스도 안으로 들어간 여러분은 모두 그리스도를 옷 입듯이 입었습니다. 유다인이나 그리스인이나 종이나 자유인이나 남자나 여자나 아무런 차별이 없습니다. 그리스도 예수 안에서 여러분은 모두 한 몸을 이루었기 때문입니다. 갈라디아인들에게 보낸 편지 3 : 26-28

≪성서≫에 기록된 대로 첫 사람 아담은 생명 있는 존재가 되었지만 나중 아담은 생명을 주는 영적 존재가 되셨습니다. 그러나 영적인 것이 먼저 있었던 것이 아니라 육체적인 것이 먼저 있었고, 그 다음에 영적인 것이 왔습니다.

첫째 인간은 흙으로 만들어진 땅의 존재이지만, 둘째 인간은 하늘에서 왔습니다. 흙의 인간들은 흙으로 된 그 사람과 같고 하늘의 인간들은 하늘에 속한 그분과 같습니다. 우리가 흙으로 된 그 사람의 형상을 지녔듯이 하늘에 속한 그분의 형상을 또한 지니게 될 것입니다. 고린토인들에게 보낸 첫째 편지 15 : 45-49

2) 죄 용서容恕

그러나 이제는 하느님께서 인간을 당신과 올바른 관계에 놓아주시는 길이 드러났습니다. 그것은 율법과는 아무 관계가 없습니다. 율법서와 예언서가 바로 이 사실을 증명해줍니다. 하느님께서는 믿는 사람이면 누구나 아무런 차별도 없이 당신과 올바른 관계에 놓아주십니다. 그것은 예수 그리스도를 믿음으로써 이루어지는 것입니다. 모든 사람이 죄를 지었기 때문에 하느님이 주셨던 본래의 영광스러운 모습을 잃어버렸습니다.

하느님께서는 그리스도 예수를 통해서 모든 사람을 죄에서 풀어주시고, 당신과 올바른 관계를 가질 수 있는 은총을 거저 베풀어주셨습니다. 그리스도를 믿는 사람에게는 죄를 용서해주시려고, 하느님께서 그리스도를 제물로 내어주셔서 피를 흘리게 하셨습니다. 이리하여 하느님께서 당신의 정의를 나타내셨습니다.

로마인들에게 보낸 편지 3 : 21-25

3) 율법으로부터 해방된 영적 인간 : 새로운 피조물

그리스도께서 우리를 해방시켜 주셔서 우리는 자유의 몸이 되었습니다. 그러니 마음을 굳게 먹고 다시는 종의 멍에를 메지 마십시오.

갈라디아인들에게 보낸 편지 5 : 1

그것은 그리스도의 사랑이 우리를 그토록 강요하고 있기 때문입니다. 우리가 잘 아는 대로 그리스도 한 분이 모든 사람을 대신代身해서 죽으셨으니 결국 모든 사람이 죽은 것입니다. 그리스도께서 이렇게 죽으신 것은 사람들이 이제는 자기 자신을 위하여 살지 않고, 자기들을 위해서 죽으셨다가 다시 살아나신 분을 위하여 살게 하시려는 것이었습니다.

그러므로 우리는 이제부터 아무도 세속적인 표준으로 판단하지는 않을 것입니다. 전에는 우리가 세속적인 표준으로 그리스도를 이해하였지만 이제는 그렇게 하지 않습니다. 누구든지 그리스도를 믿으면 새 사람이 됩니다. 낡은 것은 사라지고 새것이 나타났습니다. 고린토인들에게 보낸 둘째 편지 5 : 14-17

4) 하느님과 하나됨 : 평화平和의 창조자

이렇게 여러분이 전에는 하느님과 멀리 떨어져 있었지만, 이제는 그리스도께서 피를 흘리심으로써 그리스도 예수로 말미암아 하느님과 가까워졌습니다. 그리스도야말로 우리의 평화이십니다.

그분은 자신의 몸을 바쳐서 유다인과 이방인이 서로 원수가 되어 갈리게 했던 담을 헐어버리시고, 그들을 화해시켜 하나로 만드시고 율법律法 조문과 규정을 모두 폐지하셨습니다. 그리스도께서는 자신을 희생하여 유다인과 이방인을 하나의 새 민족으로 만들어 평화를 이룩하시고, 또 십자가에서 죽으심으로써 둘을 한 몸으로 만드셔서, 하느님과 화해시키시고 원수되었던 모든 요소를 없이하셨습니다. 이렇게 그리스도께서는 세상에 오셔서, 하느님과 멀리 떨어져 있던 여러분에게나 가까이 있던 유다인들에게나 다 같이 평화의 기쁜 소식을 전해주셨습니다.

그래서 이방인 여러분과 우리 유다인들은 모두 그리스도로 말미암아 같은 성령을 받아 아버지께로 가까이 나아가게 되었습니다. 이제 여러분은 외국인도 아니고 나그네도 아닙니다. 성도들과 같은 한 시민이며 하느님의 한 가족입니다.

에페소인들에게 보낸 편지 2 : 13-19

5) 종말론적인 희망希望

"정말 잘 들어두어라. 내 말을 듣고 나를 보내신 분을 믿는 사람은 영원한 생명을 얻을 것이다. 그 사람은 심판을 받지 않을 뿐만 아니라 이미 죽음의 세계에서 벗어나 생명의 세계로 들어섰다. 정말 잘 들어두어라. 때가 오면 죽은 이들이 하느님의 아들의 음성을 들을 것이며 그 음성을 들은 이들은 살아날 터인데 바로 지금이 그때이다.

아버지께서 생명의 근원이신 것처럼 아들도 생명의 근원이 되게 하셨다. 아버지께서는 또한 아들에게 심판하는 권한을 주셨다. 그는 사람의 아들이기 때문이다. 내 말에 놀라지 마라. 죽은 이들이 모두 그의 음성을 듣고 무덤에서 나올 때가 올 것이다."

요한의 복음서 5 : 24-28

장차 우리에게 나타날 영광에 비추어보면 지금 우리가 겪고 있는 고통은 아무것도 아니라고 생각합니다. 모든 피조물被造物은 하느님의 자녀가 나타나기를 간절히 기다리고 있습니다. 피조물이 제 구실을 못하게 된 것은 제 본의가 아니라 하느님께서 그렇게 만드신 것입니다. 그러나 거기에는 희망이 있습니다. 곧 피조물에게도 멸망의 사슬에서 풀려나서 하느님의 자녀들이 누리는 영광스러운 자유에 참여할 날이 올 것입니다. 우리는 모든 피조물이 오늘날까지 다 함께 신음하며 진통을 겪고 있다는 것을 알고 있습니다. 피조물만이 아니라 성령을 하느님의 첫 선물로 받은 우리 자신도, 하느님의 자녀가 되는 날과 우리의 몸이 해방될 날을 고대苦待하면서 속으로 신음하고 있습니다.

우리는 이 희망으로 구원을 받았습니다. 눈에 보이는 것을 바라는 것은 희망이 아닙니다. 눈에 보이는 것을 누가 바라겠습니까? 우리는 보이지 않는 것을 바라기에 참고 기다릴 따름입니다.

로마인들에게 보낸 편지 8 : 18-25

5. 하느님의 계시啓示와 신앙적 응답應答

그리스도교는 인간을 향한 하느님 자신의 알려짐, 곧 계시 사건으로부터 시작된 종교이다. 이 점에서, 인간적 관점으로부터 하느님을 알려고 하는 모든 시도들과 그리스도교가 구별되어야 한다고 주장해왔다.

이러한 하느님의 자기계시는 예수 그리스도 속에 나타나는바, 우리는 ≪성서≫ 안에서 예수 그리스도를 만나게 된다. 바로 예수 그리스도를 만나고 그분을 주님으로 고백하는 일은 그리스도교 신앙에서 핵심 사항이 된다. 회심回心과 칭의稱義는 이런 과정에서 생겨나는 그리스도교 종교 체험의 본질에 속한다.

1) 하느님의 현현顯現과 활동

야훼의 천사가 떨기 가운데서 이는 불꽃으로 그에게 나타났다.

떨기에서 불꽃이 이는데도 떨기가 타지 않는 것을 본 모세가 "저 떨기가 어째서 타지 않을까? 이 놀라운 광경을 가서 보아야겠다." 하며 그것을 보러 오는 것을 야훼께서 보셨다.

하느님께서 떨기 가운데서 "모세야, 모세야." 하고 부르셨다. 그가 대답하였다. "예, 말씀하십시오." 하느님께서는 "이리로 가까이 오지 마라. 네가 서 있는 곳은 거룩한 땅이니 네 발에서 신을 벗어라." 하시고는 다시 말씀하셨다.

"나는 네 선조들의 하느님이다. 아브라함의 하느님, 이사악의 하느님, 야곱의 하느님이다." 모세는 하느님 뵙기가 무서워 얼굴을 가렸다.

출애굽기 3 : 2-6

다시 음성이 들려왔다. "앞으로 나가서 야훼 앞에 있는 산 위에 서 있거라." 그리고 야훼께서 지나가시는데 크고 강한 바람 한 줄기가 일어 산을 뒤흔들고 야훼 앞에 있는 바위를 산산조각 내었다. 그러나 야훼께서는 바람 가운데 계시지 않았다. 바람이 지나간 다음에 지진地震이 일어났다. 그러나 야훼께서는 지진 가운데도 계시지 않았다. 지진 다음에 불이 일어났다. 그러나 야훼께서는 불길 가운데도 계시지 않았다.

불길이 지나간 다음, 조용하고 여린 소리가 들려왔다. 엘리야는 목소리를 듣고 겉옷 자락으로 얼굴을 가리우고 동굴 어귀로 나와 섰다. 그러자 그에게 한 소리가 들려왔다. "엘리야야, 네가 여기에서 무엇을 하고 있느냐?"

열왕기상 19 : 11-13

2) 하느님의 자기계시自己啓示로서의 예수 그리스도

한 처음, 천지天地가 창조되기 전부터 말씀이 계셨다. 말씀은 하느님과 함께 계셨고 하느님과 똑같은 분이셨다. 말씀은 한 처음 천지가 창조되기 전부터 하느님과 함께 계셨다. 모든 것은 말씀을 통하여 생겨났고 이 말씀 없이 생겨난 것은 하나도 없다. 생겨난 모든 것이 그에게서 생명을 얻었으며 그 생명은 사람들의 빛이었다.

요한의 복음서 1 : 1-4

낮 열두 시가 되자 온 땅이 어둠에 덮여 오후 세 시까지 계속되었다. 세 시에 예수께서 큰 소리로 "엘로이, 엘로이, 레마 사박타니?" 하고 부르짖으셨다. 이 말씀은 "나의 하느님, 나의 하느님, 어찌하여 나를 버리셨나이까?" 라는 뜻이다.

거기에 서 있던 사람들 몇이 이 말을 듣고 "저것 봐! 이 사람이 엘리야를 부르는구나." 하였다. 어떤 사람은 달려오더니 해면을 신 포도주에 적시어 갈대 끝에 꽂아 예수의 입에 대면서 "어디 엘리야가 와서 그를 내려주나 봅시다." 하고 말하였다.

예수께서는 큰 소리를 지르시고 숨을 거두셨다. 그때 성전 휘장이 위에서 아래까지 두 폭으로 찢어졌다. 예수를 지켜보고 서 있던 백인대장이 예수께서 그렇게 소리를 지르고 숨을 거두시는 광경을 보고 "이 사람이야말로 정말 하느님의 아들이었구나!" 하고 말하였다.

마르코의 복음서 15 : 33-39

3) 회심回心과 칭의稱義, 혹은 의화義化

사람들은 이 말을 듣고 마음이 찔려 베드로와 사도들에게 "형제 여러분, 그러면 우리는 어떻게 하면 좋겠습니까?" 하고 물었다. 베드로가 이렇게 대답하였다. "회개悔改하시오. 그리고 여러분은 한 사람도 빠짐없이 예수 그리스도의 이름으로 세례를 받고 여러분의 죄를 용서받으시오. 그리하면 성령을 선물로 받게 될 것입니다."

사도행전 2 : 37, 38

그러니 우리가 내세울 만한 것이 무엇입니까? 아무것도 없습니다. 우리가 어떻게 해서 하느님과의 올바른 관계를 되찾게 되었습니까? 율법律法을 잘 지켜서 그렇게 된 것입니까? 아닙니다. 그것은 믿음을 통해서 이루어진 것입니다.

로마인들에게 보낸 편지 3 : 27

6. 성령 체험과 영생永生 : 기독교인의 삶

그리스도교는 성령을 오늘날 우리 인간들 안에서 살아 움직이시는 하느님으로 고백한다. 이러한 성령은 인간을 살리는 하느님 자신의 활동으로서 구원救援의 영, 중생重生 및 신생新生의 영으로서 불린다.

이러한 성령 체험은 인간으로 하여금 삶의 구체적 열매를 맺도록 하는바, 사랑, 희락, 화평, 온유, 인내 등이 바로 그것이다. ≪성서≫는 이러한 성령의 열매와 분리된 성령 체험을 말하지 않는다. 성령 체험은 윤리, 곧 기독교인의 삶의 문제와 직결되기 때문이다.

1) 하느님 영靈의 활동

그러고 나서 불레셋의 수비대가 있는 하느님의 언덕에 이르면 산당에서 내려오는 예언자들의 무리를 만날 것이오. 그들은 거문고를 뜯고 소고를 치고 피리를 불고 수금을 뜯으며, 신이 들려 내려올 것이오. 그때 야훼의 기운이 갑자기 내리덮쳐, 그대도 그들과 함께 신이 들려 아주 딴 사람이 될 것이오. 이런 일들이 일어나거든 하느님께서 함께하시는 것이니 할 수 있는 일은 무엇이든지 마음대로 하시오.

사무엘상 10 : 5-7

내가 너희를 뭇 민족 가운데서 데려 내오고 모든 나라에서 모아 고국으로 데려다가 정화수를 끼얹어 너희의 모든 부정을 깨끗이 씻어주리라. 온갖 우상을 섬기는 중에 묻었던 때를 깨끗이 씻어주고 새 마음을 넣어주며 새 기운을 불어넣어 주리라. 너희 몸에서 돌처럼 굳은 마음을 도려내고 살처럼 부드러운 마음을 넣어주리라.

나의 기운을 너희 속에 넣어주리니, 그리되면 너희는 내가 세워준 규정을 따라 살 수 있고 나에게서 받은 법도法度를 실천할 수 있게 되리라.

에제키엘 36 : 24-27

2) 그리스도의 영 : 살리시는 능력

예수께서는 자기가 자라난 나자렛에 가셔서 안식일이 되자 늘 하시던 대로 회당에 들어가셨다. 그리고 ≪성서≫를 읽으시려고 일어서서 이사야 예언서의 두루마리를 받아 들고 이러한 말씀이 적혀 있는 대목을 펴서 읽으셨다.

"주님의 성령이 나에게 내리셨다.
주께서 나에게 기름을 부으시어
가난한 이들에게
복음福音을 전하게 하셨다.
주께서 나를 보내시어
묶인 사람들에게는 해방을 알려주고
눈먼 사람들은 보게 하고,
억눌린 사람들에게는 자유를 주며
주님의 은총의 해를 선포하게 하셨다."

루가의 복음서 4 : 16-19

그러므로 이제 그리스도 예수와 함께 사는 사람들은 결코 단죄斷罪받는 일이 없습니다. 그것은 그리스도 예수와 함께 생명을 누리게 하는 성령의 법이 나를 죄와 죽음의 법에서 해방시켜주었기 때문입니다. 인간의 본성이 약하기 때문에 율법이 이룩할 수 없었던 것을 하느님께서 이룩하셨습니다.

하느님께서는 당신의 아들을 죄 많은 인간의 모습으로 보내어 그 육체를 죽이심으로써 이 세상의 죄를 없이 하셨습니다. 이렇게 해서 육체를 따라 살지 않고 성령을 따라 사는 우리 속에서 율법의 요구가 모두 이루어졌습니다. 육체를 따라 사는 사람들은 육체적인 것에 마음을 쓰고, 성령을 따라 사는 사람들은 영적인 것에 마음을 씁니다.

육체적인 것에 마음을 쓰면 죽음이 오고 영적인 것에 마음을 쓰면 생명과 평화가 옵니다. 육체적인 것에 마음을 쓰는 사람은 하느님의 율법에 복종하지도 않고 또 복종할 수도 없기 때문에, 하느님의 원수가 되고 맙니다. 육체를 따라 사는 사람들은 하느님을 기쁘게 해드릴 수가 없습니다.

사실 하느님의 성령께서 여러분 안에 계시다면 여러분은 육체를 따라 사는 사람이 아니라 성령을 따라 사는 사람입니다. 그러나 그리스도의 성령을 모시지 못한 사람은 그리스도의 사람이 아닙니다. 비록 여러분의 몸은 죄 때문에 죽었을지라도 그리스도께서 여러분 안에 계시면, 여러분은 이미 하느님과 올바른 관계에 있기 때문에 여러분의 영이 살아 있습니다.

그리고 예수를 죽은 자들 가운데서 다시 살리신 분의 성령께서 여러분 안에 계시면, 그리스도를 죽은 자들 가운데서 다시 살리신 분께서 여러분 안에 살아 계신 당신의 성령을 시켜, 여러분의 죽을 몸까지도 살려주실 것입니다.

로마인들에게 보낸 편지 8 : 1-11

3) 성령의 열매와 중생重生, 신생新生

바리사이파 사람들 가운데 니고데모라는 사람이 있었다. 그는 유다인들의 지도자 중 한 사람이었는데 어느 날 밤에 예수를 찾아와서 "선생님, 우리는 선생님을 하느님께서 보내신 분으로 알고 있습니다. 하느님께서 함께 계시지 않고서야 누가 선생님처럼 그런 기적들을 행할 수 있겠습니까?" 하고 말하였다.

그러자 예수께서는 "정말 잘 들어두어라. 누구든지 새로 나지 아니하면 아무도 하느님의 나라를 볼 수 없다." 하고 말씀하셨다. 니고데모는 "다 자란 사람이 어떻게 다시 태어날 수 있겠습니까? 다시 어머니 뱃속에 들어갔다가 나올 수야 없지 않습니까?" 하고 물었다.

"정말 잘 들어두어라. 물과 성령으로 새로 나지 않으면 아무도 하느님 나라에 들어갈 수 없다. 육에서 나온 것은 육이며 영에서 나온 것은 영이다. 새로 나야 된다는 내 말을 이상하게 생각하지 마라. 바람은 제가 불고 싶은 대로 분다. 너는 그 소리를 듣고도 어디서 불어와서 어디로 가는지를 모른다. 성령으로 난 사람은 누구든지 이와 마찬가지다." 예수께서 이렇게 대답하시자 니고데모는 다시 "어떻게 그런 일이 있을 수가 있겠습니까?" 하고 물었다.

예수께서는 다시 이렇게 말씀하셨다. "너는 이스라엘의 이름난 선생이면서 이런 것들을 모르느냐? 정말 잘 들어두어라. 우리는 우리가 알고 있는 것을 말하고, 우리의 눈으로 본 것을 증언하는 것이다. 그런데도 너희는 우리의 증언을 받아들이지 않는다. 너희는 내가 이 세상 일을 말하는데도 믿지 않으면서 어떻게 하늘의 일을 두고 하는 말을 믿겠느냐?

하늘에서 내려온 사람의 아들 외에는 아무도 하늘에 올라간 일이 없다. 구리뱀이 광야에서 모세의 손에 높이 들렸던 것처럼 사람의 아들도 높이 들려야 한다. 그것은 그를 믿는 사람은 누구나 영원한 생명을 누리게 하려는 것이다."

요한의 복음서 3 : 1-15

성령께서 맺어주시는 열매는 사랑, 기쁨, 평화, 인내, 친절, 선행, 진실, 온유, 그리고 절제입니다. 이것을 금禁하는 법은 없습니다. 그리스도 예수에게 속한 사람들은 육체를 그 정욕과 욕망과 함께 십자가에 못 박은 사람들입니다.

갈라디아인들에게 보낸 편지 5 : 22-24

7. 부활復活과 미래적 소망

≪신약성서≫는 부활이 없다면 그리스도교 신앙인들의 믿는 바가 덧없는 것이 될 것이라고 말한다. 그만큼 부활 신앙은 그리스도교의 존립存立 근거가 되었다. 그리스도교는 바로 예수 그리스도를 부활의 주님으로 고백하는데, 이 믿음은 현실의 고통과 고난 속에서도 자신의 소명을 재확인하고 미래적 소망이 이루어지기를

기다리는 원동력이 된다.

따라서 부활 사상을 자신의 신앙 속에 동화시키는 일은 그리스도인의 가장 중요한 신앙적 과제가 아닐 수 없다. 그리스도 신앙인들이 그리스도 재림 시 자신의 몸이 부활될 것을 믿는 것 역시 자신의 소망의 근거가 된다.

1) 부활의 주主

안식일이 지나고 그 이튿날 동틀 무렵에 막달라 여자 마리아와 다른 마리아가 무덤을 보러갔다. 그런데 갑자기 큰 지진이 일어나면서 하늘에서 주의 천사가 내려와 그 돌을 굴려내고 그 위에 앉았다. 그 천사의 모습은 번개처럼 빛났고 옷은 눈같이 희었다. 이 광경을 본 경비병들은 겁에 질려 떨다가 까무러쳤다.

그때 천사가 여자들에게 이렇게 말하였다. "무서워하지 마라. 너희는 십자가에 달리셨던 예수를 찾고 있으나 그분은 여기 계시지 않다. 전에 말씀하신 대로 다시 살아나셨다. 그분이 누우셨던 곳을 와서 보아라. 그리고 빨리 제자들에게 가서 '예수께서는 죽었다가 다시 살아나셨고 당신들보다 먼저 갈릴래아로 가실 터이니 거기에서 그분을 뵙게 될 것이오.' 하고 알려라. 나는 이 말을 전하러 왔다."

여자들은 무서우면서도 기쁨에 넘쳐서 제자들에게 이 소식을 전하려고 무덤을 떠나 급히 달려갔다. 그런데 뜻밖에도 예수께서 그 여자들을 향하여 걸어오셔서 "평안하냐?" 하고 말씀하셨다. 여자들은 가까이 가서 그의 두 발을 붙잡고 엎드려 절하였다.

그러자 예수께서는 그 여자들에게 "두려워하지 마라. 가서 내 형제들에게 갈릴래아로 가라고 전하여라. 그들은 거기서 나를 만나게 될 것이다." 하고 말씀하셨다.

마태오의 복음서 28 : 1-10

2) 몸의 부활 : 소망所望의 근거

그리스도께서 죽은 자들 가운데서 다시 살아나셨다는 것을 우리가 전파하고 있는데, 여러분 가운데 어떤 사람은 죽은 자의 부활復活이 없다고 하니 어떻게 된 일입니까?

만일 죽은 자가 부활하는 일이 없다면 그리스도께서도 다시 살아나셨을 리가 없고, 그리스도께서 다시 살아나지 않으셨다면 우리가 전한 것도 헛된 것이요 여러분의 믿음도 헛된 것일 수밖에 없을 것입니다. 만일 죽은 자가 다시 살아나는 일이 없다면 하느님께서 그리스도를 다시 살리셨을 리가 없습니다. 그렇다면 하느님께서 그리스도를 다시 살리셨다고 증언하는 우리는 결국 하느님을 거스르는 거짓 증인이 되는 셈입니다. 만일 죽은 자들이 다시 살아나는 일이 없다면 그리스도께서도 다시 살아나실 수 없었을 것입니다.

만일 그리스도께서 다시 살아나시지 않았다면 여러분의 믿음은 헛된 것이 되고 여러분은 아직도 죄에서 헤어나지 못하고 있을 것입니다. 그리고 그리스도를 믿다가 세상을 떠난 사람들도 멸망했을 것입니다. 만일 그리스도를 믿는 우리가 이 세상에만 희망을 걸고 있다면 우리는 누구보다도 가장 가련한 사람일 것입니다.

그러나 그리스도께서는 죽은 자들 가운데서 다시 살아나셔서 죽었다가 부활한 첫 사람이 되셨습니다.

고린토인들에게 보낸 첫째 편지 15 : 12-20

3) 선택과 소명召命

"너희가 나를 떠나지 않고 또 내 말을 간직해둔다면 무슨 소원이든지 구하는 대로 다 이루어질 것이다. 너희가 많은 열매를 맺고 참으로 나의 제자가 되면 내 아버지께서 영광을 받으실 것이다. 아버지께서 나를 사랑하신 것처럼 나도 너희를 사랑해왔다. 그러니 너희는 언제나 내 사랑 안에 머물러 있어라. 내가 내 아버지의 계명을 지켜 그 사랑 안에 머물러 있듯이 너희도 내 계명을 지키면 내 사랑 안에 머물러 있게 될 것이다.

내가 이 말을 한 것은 내 기쁨을 같이 나누어 너희 마음에 기쁨이 넘치게 하려는 것이다. 내가 너희를 사랑한 것처럼 너희도 서로 사랑하여라. 이것이 나의 계명이다. 벗을 위하여 제 목숨을 바치는 것보다 더 큰 사랑은 없다. 내가 명하는 것을 지키면 너희는 나의 벗이 된다. 이제 나는 너희를 종이라고 부르지 않고 벗이라고 부르겠다. 종은 주인이 하는 일을 모른다.

그러나 나는 너희에게 내 아버지에게서 들은 것을 모두 다 알려주었다. 너희가 나를 택한 것이 아니라 내가 너희를 택하여 내세운 것이다. 그러니 너희는 세상에 나가 언제까지나 썩지 않을 열매를 맺어라. 그러면 아버지께서는 너희가 내 이름으로 구하는 것을 다 들어주실 것이다." 요한의 복음서 15 : 7-16

제5장

수행修行

사도들에게 설교하는 그리스도 Christ preaches the Apostles
두치오 디 부오닌세냐 Duccio di Bouninsegna

그리스도교는 자신의 정체성을 지키고 복음福音을 선포하여 하느님 나라를 이 땅에 이루기 위하여 지속적인 예배 및 종교 수행을 강조하고 있다. 본래 출애굽 신앙에 근거하여 자신의 역사를 이해해온 이스라엘 민족은, 하느님에 의해 선포된 약속과 계약 그리고 그로부터 부여된 계명을 성실하게 지키는 것을 최고의 종교적 수행 덕목으로 이해했다.

그리스도교가 교회를 통하여 지속적으로 수행하고 있는 주일예배라는 것도, 실상 인간의 구원을 위한 하느님의 신실하신 약속을 찬양하고 그의 뜻대로 살기 위한 신앙인들의 종교적 행위 외에 다름 아니다. 예배 행위에 있어서 가장 본질적인 요소는 말씀 선포(설교)와 성례전聖禮典 그리고 인간의 죄책罪責 고백(용서) 등이다. 그리스도교는 하느님의 말씀을 선포하는 종교이다. 그러나 말씀을 증거하는 설교자는 어디까지나 인간이기에 성령이신 하느님의 은혜를 힘입어야 한다.

말씀을 선포하는 일은 진리를 증언하는 행위로서 개인적 결단과 참여 없이는 불가능한, 가장 엄숙한 종교 수행인 것이다. 말씀 선포가 중요한 이유는 모든 믿음은 들음으로부터 가능하다고 보기 때문이다. 교회의 존재 이유 역시 말씀 선포라는 사명으로 인함인 것이다. 말씀 선포의 내용은 복음 곧, 믿음을 가능케 하는 예수 그리스도이다.

하느님 말씀의 선포가 인간에게 믿음에 이르는 길이 되는 것이지만, 그리스도교는 성례전을 통해 하느님의 은총을 경험하고 확증할 수 있는 다른 길이 있음을 긍정한다. 전자가 개신교 교회 내에서 강조되고 있다면, 후자는 가톨릭교회의 은총 수단이 되어온 것도 사실이다. 성례전은 하느님의 영이 예수 그리스도 안에 나타난 사랑을 전달하는 매체로서, 신앙인을 믿음과 소망과 사랑 중에 거하게 하는 거룩한 예식禮式임이 틀림없다.

특히, 세례洗禮와 성만찬聖晩餐은 성례전의 핵심적인 두 구성요소인바, 먼저 세례는 신앙인의 삶으로 들어가는 입교入教의 성례가 된다. 세례를 받을 때 사람은 물속에 잠기거나, 하느님의 이름으로 그 머리 위에 물이 부어지거나 뿌려진다. 물은 죄로 물든 과거로부터 회개하는 거듭남의 상징으로 자기 자신을 하느님의 삶을 위해 바친다는 의미를 갖기 때문이다.

성만찬은 신앙인이 믿음을 갖고 참여하는 한, 떡과 포도주가 예수 그리스도의 살과 피로 바뀐다는 신앙 원리를 근간으로 하는데, 이를 통해서 예수 그리스도와 신앙인 사이의 신비적 합일合一의 관계가 맺어진다. 또한 성체聖體를 모신 인간은 더 이상 자신만의 몸이 아니기에 예수 그리스도처럼 자기 자신을 남을 위한 존재로 인식할 수 있게 되는 것이다.

아무튼 세례와 성만찬은 그 자체로 목적이 있기보다는 신앙인들에게 자신의 신앙을 공식적으로 입증立證할 기회를 주는 것으로서 그리스도교의 신앙 수행에 있어서 핵심적 요소가 된다. 이외에도 절기節氣에 따라, 특정 목적 하에 금식을 하고 기도에 전념하는 일도 그리스도교적 종교 수행의 모습들이다.

1. 하느님 구원에 대한 순종順從과 응답

모든 다른 종교들의 경우처럼 그리스도교 역시 종교적 수행을 기본으로 한다. 그러나 명상瞑想 및 좌선坐禪 등과 같은 동양 종교의 수행법과는 달리, 그리스도교는 하느님 믿음에 대한 청종聽從과 그의 명령을 따르고 지키는 일을 중시한다. 그리고 정해진 시간과 장소를 통해 하느님께 예배 드리며, 그를 통해 자신의 사명과 소명을 새롭게 확신하는 일도 그리스도교의 수행 방법 중의 하나이다. 어느 경우든 자신의 구원을 허락하신 하느님에 대한 감사와 신앙적 응답은 그리스도교 수행의 으뜸가는 조건이다.

1) 하느님의 약속과 계명戒命을 따르고 지킴

야훼께서 모세에게 말씀하셨다. "너는 이스라엘 백성에게 이렇게 일러주어라. '나 야훼가 너희 하느님이다. 너희는 너희가 살던 이집트 땅의 풍속을 따라 살지도 말고, 내가 너희를 이끌고 들어갈 가나안 땅의 풍속을 따라 살지도 마라. 그들의 규정을 따르지 마라.

너희는 내가 세워주는 법을 실천하여라. 내가 정해주는 규정을 지키며 그대로 살아라. 나 야훼가 너희 하느님이다. 너희는 내가 정해주는 규정과 내가 세워주는 법을 지켜야 한다. 누구든지 그것

을 실천하면 살리라. 나는 야훼이다.'" 레위기 18 : 1-5

2) 신앙 고백과 서원誓願

너희는 이집트 땅 종살이하던 집에서 너희를 이끌어내신 너희 하느님 야훼를 잊지 않도록 하여라. 너희 하느님 야훼를 경외敬畏하여 그를 섬기며, 맹세할 일이 있으면 그의 이름으로만 맹세하여라.

주위에 있는 백성들이 섬기는 신들 가운데서 어떤 신이든지 그 신을 따라가면 안 된다. 너희 하느님 야훼께서 화를 내시어 너희를 땅 위에서 쓸어버리실 것이다. 너희 가운데 계시는 너희 하느님 야훼는 질투하는 신이시다. 신명기 6 : 12-15

민족들아, 우리 하느님을 찬미讚美하여라.
소리 높여 찬양하여라.
실족하여 죽을세라 염려해주시며
우리의 목숨을 되살려주셨다.
하느님, 은을 풀무 불에 시금하듯이
당신은 우리를 단련하셨습니다.
우리를 그물에 몰아넣으셨으며
무거운 짐을 등에 지우셨습니다.
남에게 머리를 짓밟히게 하셨으며
불과 물 속을 지나가게 하셨습니다.

그러나 마침내는 숨 돌리게 건져주셨습니다.
내가 번제燔祭를 드리러 당신 집에 왔사옵니다.
서원한 것 바치러 왔사옵니다.
괴로울 때 내 입으로 맹세한 것,
내 입술로 아뢰었던 것을 바치러 왔사옵니다.
숫양을 살라 향내 피우며
푸짐한 번제물을 드리고
염소와 함께 소를 드리옵니다.(셀라) 시편 66 : 8-15

3) 예배(제사祭祀)의 바른 의미

예수께서는 이렇게 말씀하셨다. "내 말을 믿어라. 사람들이 아버지께 예배를 드릴 때에 '이 산이다.' 또는 '예루살렘이다.' 하고 굳이 장소를 가리지 않아도 될 때가 올 것이다. 너희는 무엇인지도 모르고 예배하지만 우리는 우리가 예배 드리는 분을 잘 알고 있다. 구원은 유다인에게서 오기 때문이다.

그러나 진실하게 예배하는 사람들이 영적으로 참되게 아버지께 예배를 드릴 때가 올 터인데 바로 지금이 그때이다. 아버지께서는 이렇게 예배하는 사람들을 찾고 계신다. 하느님은 영적인 분이시다. 그러므로 예배하는 사람들은 영적으로 참되게 하느님께 예배드려야 한다." 요한의 복음서 4 : 21-24

그러므로 형제 여러분, 하느님의 자비가 이토록 크시니 나는 여러분에게 권고합니다. 여러분 자신을 하느님께서 기쁘게 받아주실 거룩한 산 제물祭物로 바치십시오. 그것이 여러분이 드릴 진정한 예배입니다. 여러분은 이 세상을 본받지 말고 마음을 새롭게 하여 새 사람이 되십시오. 이리하여 무엇이 하느님의 뜻인지, 무엇이 선하고 무엇이 그분 마음에 들며 무엇이 완전한 것인지를 분간하도록 하십시오. 로마인들에게 보낸 편지 12 : 1, 2

2. 속죄贖罪(회개悔改)와 자기 부정否定

그리스도교적 종교 수행에 있어서 가장 중요한 사항은 자신의 죄책에 대한 회개이다. 자신의 잘못에 대한 뉘우침, 남에게 악을 행한 것은 물론 선을 베풀고 살지 못한 자신의 책무에 대한 속죄 행위는 하느님의 은총과 만나기 위한 필요조건이다.

이를 위해 그리스도교는 십자가를 지는 삶을 살도록 권면한다. 십자가란 자신을 부정하는 길이기 때문이다. 그러나 자신을 부정하는 삶이란 인간 스스로로부터 발원하기보다는 하느님의 영에 따른 결과이다.

1) 죄책罪責 고백

욥이 야훼께 대답하였다.

“알았습니다.

당신께서는 못하실 일이 없으십니다.
계획하신 일은 무엇이든지 이루십니다.
부질없는 말로 당신의 뜻을 가린 자,
그것은 바로 저였습니다.
이 머리로는 헤아릴 수 없는 신비한 일들을
영문도 모르면서 지껄였습니다.
당신께서는 말씀하셨습니다.
'이제 들어라. 내가 말하겠다.
내가 물을 터이니 알거든 대답하여라.'
당신께서 어떤 분이시라는 것을 소문으로 겨우 들었었는데,
이제 저는 이 눈으로 당신을 뵈었습니다.
그리하여 제 말이 잘못되었음을 깨닫고
티끌과 잿더미에 앉아 뉘우칩니다." 욥기 42 : 1-6

예수께서는 말씀을 마치시고 시몬에게 "깊은 데로 가서 그물을 쳐 고기를 잡아라." 하셨다. 시몬은 "선생님, 저희가 밤새도록 애썼지만 한 마리도 못 잡았습니다. 그러나 선생님께서 말씀하시니 그물을 치겠습니다." 하고 대답한 뒤 그대로 하였더니 과연 엄청나게 많은 고기가 걸려들어 그물이 찢어질 지경이 되었다. 그들은 다른 배에 있는 동료들에게 손짓하여 와서 도와달라고 하였다. 동료들이 와서 같이 고기를 끌어올려 배가 가라앉을 정도로 두 배에 가득히 채웠다.

이것을 본 시몬 베드로는 예수의 발 앞에 엎드려 "주님, 저는 죄인입니다. 저에게서 떠나주십시오." 하고 말하였다. 베드로는 너무나 많은 고기가 잡힌 것을 보고 겁을 집어먹었던 것이다. 그의 동료들과 제베대오의 두 아들 야고보와 요한도 똑같이 놀랐는데 그들은 다 시몬의 동업자였다.

그러나 예수께서 시몬에게 "두려워하지 마라. 너는 이제부터 사람들을 낚을 것이다." 하고 말씀하시자, 그들은 배를 끌어다 호숫가에 대어놓은 다음 모든 것을 버리고 예수를 따라갔다.

루가의 복음서 5 : 4-11

2) 십자가를 지는 삶

"내가 세상에 평화平和를 주러 온 줄로 생각하지 마라. 평화가 아니라 칼을 주러 왔다. 나는 아들은 아버지와 맞서고 딸은 어머니와, 며느리는 시어머니와 서로 맞서게 하려고 왔다. 집안 식구가 바로 자기 원수다. 아버지나 어머니를 나보다 더 사랑하는 사람은 내 사람이 될 자격이 없고, 아들이나 딸을 나보다 더 사랑하는 사람도 내 사람이 될 자격이 없다.

또 자기 십자가를 지고 나를 따라오지 않는 사람도 내 사람이 될 자격이 없다. 자기 목숨을 얻으려는 사람은 잃을 것이며, 나를 위하여 자기 목숨을 잃는 사람은 얻을 것이다."

마태오의 복음서 10 : 34-39

예수께서 군중과 제자들을 한 자리에 불러놓고 이렇게 말씀하셨다. "나를 따르려는 사람은 누구든지 자기를 버리고 제 십자가를 지고 따라야 한다. 제 목숨을 살리려는 사람은 잃을 것이며, 나 때문에 또 복음 때문에 제 목숨을 잃는 사람은 살릴 것이다. 사람이 온 세상을 얻는다 해도 제 목숨을 잃는다면 무슨 이익이 있겠느냐? 사람이 목숨을 무엇과 바꿀 수 있겠느냐?

절개 없고 죄 많은 이 세대에서 누구든지 나와 내 말을 부끄럽게 여기면 사람의 아들도 아버지의 영광에 싸여 거룩한 천사들을 거느리고 올 때에 그를 부끄럽게 여길 것이다."

마르코의 복음서 8 : 34-38

3) 영靈에 따른 생각

그러므로 나는 주님의 이름으로 여러분에게 간곡히 권고합니다. 이제부터 여러분은 이방인異邦人들처럼 살지 마십시오. 그들은 헛된 생각을 하고 마음이 어두워져서 하느님께서 주시는 생명을 받지 못할 사람이 되었습니다. 그것은 그들이 무지하고 마음이 완고하기 때문입니다. 그들은 도덕적인 감각을 잃고 제멋대로 방탕에 빠져서 온갖 더러운 짓을 하고 있습니다.

그러나 여러분은 그리스도를 그렇게 배우지는 않았습니다. 그리스도 예수 안에는 진리가 있을 따름인데 여러분이 그의 가르침을 그대로 듣고 배웠다면, 옛 생활을 청산하고, 정욕에 말려들어 썩어져 가는 낡은 인간성을 벗어버리고, 마음과 생각이 새롭게 되어 하느님의 형상대로 창조된 새 사람으로 갈아입어야 합니다. 새 사람은 올바르고 거룩한 진리의 생활을 하는 사람입니다.

에페소인들에게 보낸 편지 4 : 17-24

성령께서 맺어주시는 열매는 사랑, 기쁨, 평화, 인내, 친절, 선행, 진실, 온유, 그리고 절제입니다. 이것을 금하는 법은 없습니다. 그리스도 예수에게 속한 사람들은 육체를 그 정욕과 욕망과 함께 십자가에 못 박은 사람들입니다.

갈라디아인들에게 보낸 편지 5 : 22-24

3. 하느님의 구원救援과 용서 경험

그리스도교는 하느님께서 베푸시는 구원 활동을 강조한다. 아무리 선을 행하려고 하지만 자신이 원치 않는 악을 행하고 마는 것이 인간의 본래적 모습이라고 보기 때문이다. 하느님께서 인간의 자기모순을 용납하시고 사랑으로 이해하지 않는 한, 인간은 자신의 구원 문제를 해결할 수 없는 것이다. 그렇기에 죄로부터 용서를 받았다는 인간 경험은 그리스도교 수행에 있어 핵심적 부분에 속한다.

1) 인간의 탄원歎願과 소원

야훼께서 계속 말씀하셨다.

"나는 내 백성이 이집트에서 고생하는 것을 똑똑히 보았고 억압을 받으며 괴로워 울부짖는 소리를 들었다. 그들이 얼마나 고생하는지 나는 잘 알고 있다. 나 이제 내려가서 그들을 이집트인들의 손아귀에서 빼내어 그 땅에서 이끌어서, 젖과 꿀이 흐르는 아름답고 넓은 땅, 가나안족과 헷족과 아모리족과 브리즈족과 히위족과 여부스족이 사는 땅으로 데려가고자 한다.

지금도 이스라엘 백성의 아우성 소리가 들려온다. 또한 이집트인들이 그들을 못살게 구는 모습도 보인다. 내가 이제 너를 파라오에게 보낼 터이니 너는 가서 내 백성 이스라엘 자손을 이집트에서 건져내어라." 출애굽기 3 : 7-10

"구하여라, 받을 것이다. 찾아라, 얻을 것이다. 문을 두드려라, 열릴 것이다. 누구든지 구하면 받고, 찾으면 얻고, 문을 두드리면 열릴 것이다. 너희 중에 아들이 빵을 달라는데 돌을 줄 사람이 어디 있으며 생선을 달라는데 뱀을 줄 사람이 어디 있겠느냐?

너희는 악하면서도 자기 자녀에게 좋은 것을 줄 줄 알거든 하물며 하늘에 계신 너희의 아버지께서야 구하는 사람에게 더 좋은 것을 주시지 않겠느냐?" 마태오의 복음서 7 : 7-11

2) 기적奇蹟과 죄 용서

예수께서 배를 타시고 호수를 건너 자기 동네로 돌아오시자, 사람들이 중풍병자 한 사람을 침상寢牀에 누인 채 예수께 데려왔다.

예수께서 그들의 믿음을 보시고 중풍병자에게 "안심하여라. 네가 죄를 용서받았다." 하고 말씀하셨다. 그러자 율법학자 몇 사람이 속으로 "이 사람이 하느님을 모독하는구나!" 하며 수군거렸다.

예수께서 그들의 생각을 알아채시고 "어찌하여 너희들은 악한 생각을 품고 있느냐? '네가 죄를 용서받았다.' 하고 말하는 것과 '일어나서 걸어가라.' 하고 말하는 것과 어느 편이 더 쉽겠느냐? 이제 사람의 아들이 땅에서 죄를 용서하는 권한이 있음을 보여주마." 하시고는 중풍병자에게 "일어나 네 침상을 들고 집으로 가라." 하고 명령하시자 그는 일어나서 집으로 돌아갔다. 이것을 보고 무리는 두려워하는 한편, 사람에게 이런 권한을 주신 하느님을 찬양하였다.

마태오의 복음서 9 : 1-8

"주님, 제 아들이 간질병으로 몹시 시달리고 있으니 자비를 베풀어주십시오. 그 아이는 가끔 불 속에 뛰어들기도 하고 물 속에 빠지기도 합니다. 그래서 주님의 제자들에게 데려가 보았지만 그들은 고치지 못했습니다." 하고 말씀드렸다.

예수께서는 "아, 이 세대가 왜 이다지도 믿으려 하지 않고 비뚤어졌을까? 내가 언제까지나 너희와 함께 살며 이 성화를 받아야 한단 말이냐? 그 아이를 나에게 데려오너라." 하시고는 마귀魔鬼에게 호령하시자 마귀는 나가고 아이는 곧 나았다.

사람들이 없을 때에 제자들이 예수께 와서 "저희는 왜 마귀를 쫓아내지 못하였습니까?" 하고 물었다. 예수께서 이렇게 대답하셨다. "너희의 믿음이 약한 탓이다. 나는 분명히 말한다. 너희에게 겨자씨 한 알만 한 믿음이라도 있다면, 이 산더러 '여기서 저기로 옮겨져라.' 해도 그대로 될 것이다. 너희가 못할 일은 하나도 없을 것이다."
마태오의 복음서 17 : 15-20

사도들에게 설교하는 그리스도 Christ preaches the Apostles
두치오 디 부오닌세냐 Duccio di Bouninsegna

3) 기도와 금식禁食

그들은 나를 날마다 찾으며,
나의 뜻을 몹시도 알고 싶다면서,
마치 옳은 일을 해온 백성이기나 하듯이,

자기 신의 법을 어기지 않은 백성이기나 하듯이,
무엇이 옳은 법인지 나에게 묻고
하느님께 가까이 나가고 싶다면서,
한다는 소리는,
"당신께서 보아주시지 않는데
단식斷食은 무엇 때문에 해야 합니까?
당신께서 알아주시지 않는데
고행은 무엇 때문에 해야 합니까?"
그러면서 단식일만 되면 돈벌이에 눈을 밝히고
일꾼들에게 마구 일을 시키는구나.
그렇다, 단식한다는 것들이 시비나 하고 싸움이나 하고
가지지 못한 자를 주먹으로 치다니, 될 말이냐?
오늘 이 따위 단식은 집어치워라.
너희 호소가 하늘에 들릴 리 없다.
이 따위 단식을 내가 반길 줄 아느냐?
고행의 날에 하는 짓이 고작 이것이냐?
머리를 갈대같이 구푸리기나 하고
굵은 베를 두르고, 재를 깔고 눕기나 하면
그것으로 다 될 듯싶으냐?
그게 이른바 단식이라는 것이냐?
그러고도 야훼가 이날 너희를 반길 듯싶으냐?
내가 기뻐하는 단식은 바로 이런 것이다.

주 야훼께서 말씀하셨다.
"억울하게 묶인 이를 끌러주고
멍에를 풀어주는 것,
압제 받는 이들을 석방하고
모든 멍에를 부수어버리는 것이다.
네가 먹을 것을 굶주린 이에게 나눠주는 것,
떠돌며 고생하는 사람을 집에 맞아들이고
헐벗은 사람을 입혀주며
제 골육骨肉을 모르는 체하지 않는 것이다." 이사야 58 : 2-7

이 일이 있은 뒤 예수께서 그곳을 떠나 길을 가시다가 레위라는 세리가 세관에 앉아 있는 것을 보시고 "나를 따라오너라." 하셨다. 그러자 그는 모든 것을 버리고 예수를 따라나섰다. 레위는 자기 집에서 큰 잔치를 베풀고 예수를 모셨는데, 그 자리에는 많은 세리들과 그 밖에 여러 사람이 함께 앉아 있었다.

이것을 본 바리사이파 사람들과 그들의 율법학자들은 못마땅하게 생각하여 예수의 제자들에게 "어찌하여 당신들은 세리와 죄인들과 어울려 먹고 마시는 것입니까?" 하고 트집을 잡았다.

예수께서 이 말을 들으시고 이렇게 대답하셨다. "건강한 사람에게는 의사가 필요하지 않으나 병자에게는 필요하다. 나는 의인義人을 불러 회개시키러 온 것이 아니라 죄인罪人들을 불러 회개시키러 왔다."

이 말씀을 듣고 그들이 "요한의 제자들은 물론이요 바리사이파 사람들의 제자들까지도 자주 단식하며 기도하는데, 어찌하여 당신의 제자들은 먹고 마시기만 합니까?" 하며 따지자 예수께서는 이렇게 대답하셨다. "너희는 잔칫집에 온 신랑의 친구들이 신랑과 함께 있는 동안에도 그들을 단식하게 할 수 있겠느냐? 이제 때가 오면 신랑을 빼앗길 것이니 그때에는 그들도 단식을 할 것이다."

루가의 복음서 5 : 27-35

4. 하느님 선물로서의 신앙信仰

그리스도교는 믿음의 종교이다. 믿음이란 자신이 죄인이며 그러한 인간 존재가 하느님의 사랑과 은총에 의해 전적으로 받아들여졌다는 확신을 의미한다. 이것은 인간의 생각과 판단의 영역이 아니라 인간 개개인들의 고백과 관계되는 부분이다. 그리스도교는 이러한 믿음의 발생을 하느님의 전적全的인 선물로 이해한다. 자신의 삶 속에서 발생된 뜻밖의 기쁜 사건, 곧 복음으로 고백하는 것이다.

이러한 신앙이 생겨나면 인간은 자신의 구원에 대한 확신은 물론 하느님 말씀에 대한 복종과 미래에 대한 소망을 간직할 수 있다. 따라서 그리스도교는 신앙에 이르는 길을 종교적 수행修行이라 일컫는다.

1) 구원의 확신確信

여러분도 전에는 죄와 잘못을 저질러서 죽었던 사람들입니다. 여러분이 죄에 얽매여 있던 때에는 이 세상 풍조風潮를 따라 살았고 허공을 다스리는 세력의 두목이 지시하는 대로 살았으며, 오늘날 하느님을 거역하는 자들을 조종하는 악령의 지시대로 살았습니다. 실상 우리도 다 그들과 같아서 전에는 본능적인 욕망을 따라서 육정에 끌려 살았던 사람들로서, 본래 다른 사람들과 마찬가지로 하느님의 진노를 살 수밖에 없었던 것입니다.

그러나 한없이 자비로우신 하느님께서는 그 크신 사랑으로 우리를 사랑하셔서 잘못을 저지르고 죽었던 우리를 그리스도와 함께 다시 살려주셨습니다. 여러분은 이렇듯 은총으로 구원을 받았습니다. 하느님께서는 우리를 그리스도 예수와 함께 살리셔서 하늘에서도 한자리에 앉게 하여주셨습니다. 하느님께서는 당신의 은총이 얼마나 풍성한지를 앞으로 올 모든 세대에 보여주시려고, 그리스도 예수를 통하여 이렇게 우리에게 자비를 베풀어주셨습니다.

여러분이 구원을 받은 것은 하느님의 은총을 입고 그리스도를 믿어서 된 것이지 여러분 자신의 힘으로 된 것이 아닙니다. 이 구원이야말로 하느님께서 주신 선물입니다. 이렇게 구원은 사람의 공로로 이루어지는 것이 아니기 때문에 아무도 자기 자랑을 할 수 없을 것입니다. 우리는 하느님의 작품입니다. 곧 하느님께서 미리 마련하신 대로 선한 생활을 하도록 그리스도 예수를 통해서 창조하신 작품입니다. 에페소인들에게 보낸 편지 2 : 1-10

2) 감사와 말씀에 대한 복종服從

야곱과 굳은 언약 맺으시면서
이스라엘 자손에게 법을 주실 때,
후손들에게 그 법을 가르치라고
우리의 선조들에게 명령하셨다.
뒤이어 태어날 후손에게도
대대로 알리라고 명령하셨다.
그들도 일어나서 자손에게 이야기하여
그들의 희망을 하느님께 두고
하느님이 이루신 장한 일들을 아니 잊어버리고
분부하신 계명을 지키라고 명령하셨다.
반역反逆하고 고집 센 선조들처럼,
절개 없이 하느님께 불충한 그 세대처럼,
그들처럼 되지 말라고 명령하셨다. 시편 78 : 5-8

그러나 모든 사람이 다 그 복음을 받아들인 것은 아닙니다. "주님, 우리가 일러준 말을 누가 믿었습니까?" 하고 이사야도 한탄한 일이 있습니다. 그러므로 들어야 믿을 수 있고 그리스도를 전하는 말씀이 있어야 들을 수 있습니다. 나는 묻겠습니다. 그들이 그 말씀을 한 번도 들어본 적이 없습니까? 분명히 들었습니다. ≪성서≫의 말씀에도,

"그들의 소리가 온 땅에 울려 퍼졌고
그들의 말이 땅 끝까지 이르렀다."

하지 않았습니까? 나는 다시 묻겠습니다. 이스라엘 사람들이 그 말씀을 알아듣지 못했습니까? 우선 모세의 말을 들어보십시오. "나는 너희로 하여금 내 백성이 아닌 자들을 시기하게 하겠고 어리석은 백성을 보고 화나게 하리라." 하였습니다.

로마인들에게 보내는 편지 10 : 16-19

3) 미래적 소망

믿음은 우리가 바라는 것들을 보증해주고 볼 수 없는 것들을 확증해줍니다. 옛 사람들도 이 믿음으로 하느님의 인정을 받았던 것입니다.

우리는 믿음이 있으므로 이 세상이 하느님의 말씀으로 창조되었다는 것, 곧 우리의 눈에 보이는 것이 보이지 않는 것에서 나왔다는 것을 압니다.

아벨은 믿음으로 카인의 것보다 더 나은 제물祭物을 하느님께 바쳤습니다. 그 믿음을 보신 하느님께서는 그의 예물을 기꺼이 받으시고 그를 올바른 사람으로 인정해주셨습니다. 그는 믿음으로 죽은 후에도 여전히 말을 하고 있습니다. 에녹은 믿음으로 하늘로 옮겨져서 죽음을 맛보지 않았습니다. 이렇게 하느님께서 그를 데려가셨기 때문에 아무도 그를 볼 수 없었습니다. 하느님께서 데려가시기 전부터 그가 하느님을 기쁘게 해드렸다는 말씀이 ≪성서≫에 기록되어 있습니다.

믿음이 없이는 하느님을 기쁘게 해드릴 수 없습니다. 하느님께로 가까이 가는 사람은 하느님이 계시다는 것과 하느님께서 당신을 찾는 사람들에게 상을 주신다는 것을 믿어야 합니다. 노아는 믿음이 있었으므로 하느님께서 아직 보이지 않는 일들에 대해서 경고하셨을 때, 그 말씀을 두려운 마음으로 받아들이고 방주方舟를 마련해서 자기 가족을 구했으며, 그 믿음으로 하느님과의 올바른 관계를 차지하게 되었습니다. 그리고 믿지 않은 세상은 단죄를 받았습니다.

아브라함도 믿음이 있었기 때문에 하느님께서 그를 불러 장차 그의 몫으로 물려주실 땅을 향하여 떠나라고 하실 때 그대로 순종했습니다. 사실 그는 자기가 가는 곳이 어떤 곳인지도 모르고 떠났던 것입니다. 그는 믿음이 있었기 때문에 약속의 땅에서도 같은 약속을 물려받은 이사악과 야곱과 함께 천막을 치고 나그네나 다름없는 생활을 하며 머물러 살았습니다. 그러면서 그는 하느님께서 설계자가 되시고 건축가가 되셔서 튼튼한 기초 위에 세워주실 도시를 바라며 살았던 것입니다.

그의 아내 사라도 이제 나이가 많은 여자인데다가 원래 아이를 가질 수 없는 사람이었지만, 믿음이 있었기 때문에 아이를 가질 수 있는 능력을 받았습니다. 사라는 약속해주신 분을 진실한 분으로 믿었던 것입니다. 이렇게 해서 죽은 사람이나 다름없는 늙은 아브라함 한 사람에게서 난 자손이 하늘의 별과 같이 많아지고 바닷가의 모래와 같이 셀 수 없게 되었습니다.

히브리인들에게 보낸 편지 11 : 1-12

5. 구원받은 이들의 책임責任과 사명使命

그리스도교 전통 속에서 세례란 신앙 행위를 통해 구원을 받았다는 징표徵標로 이해된다. 다시 말해 세례란 하느님에 의해 의롭게 인정되었다는 표시인 것이다. 그렇기에 세례는 그리스도교 공동체에 참여하려는 모든 사람들에게 요구되는 종교적 수행의 한 요건이다.

세례를 통해 구원 공동체에 속한 신앙인들은 그리스도의 복음을 증거하며 교회의 현존을 널리 전파하고 선교할 책임을 갖는다. 뿐만 아니라 교회 내에서의 정기적인 성례전 예식을 통해 자신의 구원을 재확인함은 물론, 성도들 간의 친교와 사랑의 사귐을 종교적 수행의 차원에서 도모하게 된다.

1) 세례洗禮

그러면 "은총을 풍성히 받기 위하여 계속해서 죄를 짓자."고 말할 수 있겠습니까? 절대로 그럴 수 없습니다. 우리가 이미 죽어서 죄의 권세에서 벗어난 이상 어떻게 그대로 죄를 지으며 살 수 있겠습니까? 세례를 받고 그리스도 예수와 하나가 된 우리는 이미 예수와 함께 죽었다는 것을 모르십니까?

과연 우리는 세례를 받고 죽어서 그분과 함께 묻혔습니다. 그래서 그리스도께서 아버지의 영광스러운 능력으로 죽은 자들 가운데서 다시 살아나신 것처럼, 우리도 새 생명을 얻어 살아가게 된 것입니다. 우리는 그리스도와 같이 죽어서 그분과 하나가 되었으니 그리스도와 같이 다시 살아나서 또한 그분과 하나가 될 것입니다.

예전의 우리는 그분과 함께 십자가에 못 박혀서 죄에 물든 육체는 죽어버리고, 이제는 죄의 종살이에서 벗어나게 되었다는 것을 우리는 알고 있습니다. 이미 죽은 사람은 죄에서 해방된 것입니다. 우리가 그리스도와 함께 죽었으니 또한 그리스도와 함께 살리라고 믿습니다. 그것은 죽은 자들 가운데서 다시 살아나신 그리스도께서 다시는 죽는 일이 없어, 죽음이 다시는 그분을 지배하지 못하리라는 것을 우리가 알고 있기 때문입니다.

그리스도께서는 단 한 번 죽으심으로써 죄의 권세를 꺾으셨고 다시 살아나셔서는 하느님을 위해서 살고 계십니다. 이와 같이 여러분도 그리스도 예수와 함께 죽어서 죄의 권세를 벗어나, 그와 함께 하느님을 위해서 살아야 한다고 생각하십시오.

로마인들에게 보낸 편지 6 : 1-11

2) 말씀 증거와 선교宣敎

사도使徒들은 다 같이 모인 자리에서 예수께 이렇게 물었다. "주님, 주님께서 이스라엘 왕국을 다시 세워주실 때가 바로 지금입니까?"

예수께서는 이렇게 대답하셨다. "그때와 시기는 아버지께서 당신의 권능으로 결정하셨으니 너희가 알 바 아니다. 그러나 성령이 너희에게 오시면 너희는 힘을 받아, 예루살렘과 온 유다와 사마리아뿐만 아니라 땅 끝에 이르기까지, 어디에서나 나의 증인이 될 것이다." 사도행전 1 : 6-8

형제 여러분, 내가 여러분을 찾아갔을 때에 나는 유식有識한 말이나 지혜를 가지고 하느님의 그 심오한 진리를 전하려고 하지는 않았습니다. 그것은 내가 여러분과 함께 지내는 동안 예수 그리스도, 특히 십자가에 달리신 그리스도 외에는 아무것도 생각하지 않기로 하였기 때문입니다.

사실 나는 여러분에게 갔을 때 약하였고 두려워서 몹시 떨었습니다. 그리고 내가 말을 하거나 설교를 할 때에도 지혜롭고 설득력 있는 언변을 쓰지 않고, 오로지 하느님의 성령과 그의 능력만을 드러내려고 하였습니다. 그것은 여러분의 믿음이 인간의 지혜에 바탕을 두지 않고, 하느님의 능력에 바탕을 두게 하려는 것이었습니다. 고린토인들에게 보낸 첫째 편지 2 : 1-5

3) 성찬聖餐 : 친교親交와 봉사奉仕

내가 여러분에게 전해준 것은 주님께로부터 받은 것입니다. 곧 주 예수께서 잡히시던 날 밤에 빵을 손에 드시고 감사의 기도를 드리신 다음, 빵을 떼시고 "이것은 너희들을 위하여 주는 내 몸이니 나를 기억하여 이 예를 행하여라." 하고 말씀하셨습니다. 또 식

후에 잔을 드시고 감사의 기도를 드리신 다음, "이것은 내 피로 맺는 새로운 계약의 잔이니 마실 때마다 나를 기억하여 이 예禮를 행하여라." 하고 말씀하셨습니다.

그러므로 여러분은 이 빵을 먹고 이 잔을 마실 때마다 주님의 죽음을 선포하고, 이것을 주님께서 다시 오실 때까지 하십시오. 그러니 올바른 마음가짐 없이 그 빵을 먹거나 주님의 잔을 마시는 사람은, 주님의 몸과 피를 모독하는 죄를 범하는 것입니다. 각 사람은 자신을 살피고 나서 그 빵을 먹고 그 잔을 마셔야 합니다. 주님의 몸이 의미하는 바를 깨닫지 못하고 먹고 마시는 사람은, 그렇게 먹고 마심으로써 자기 자신을 단죄하는 것입니다.

여러분 중에 몸이 약한 자와 병든 자가 많고 죽은 자도 적지 않은 것은 이 때문입니다. 우리가 먼저 우리 자신을 잘 살핀다면 하느님의 심판은 받지 않을 것입니다. 그러나 우리가 자신을 살피지 않기 때문에 지금 심판을 받고 있는 것이며, 이것은 주님께서 우리를 단련하여 마침내 이 세상과 함께 단죄받는 일이 없도록 하시려는 것입니다.

그러므로 형제 여러분, 거룩한 회식會食을 하려고 교회가 모일 때에는 서로 남을 기다려주십시오. 만일 배가 고프면 집에서 미리 음식을 먹고서 모임에 나오도록 하십시오. 그래야 여러분이 단죄받는 일이 없을 것입니다. 그 밖의 일에 대해서는 내가 가서 일러드리겠습니다.

고린토인들에게 보낸 첫째 편지 11 : 23-34

사도들이 계속해서 놀라운 일과 기적을 많이 나타내 보이자, 사람들은 모두 하느님을 두려워하게 되었다. 믿는 사람은 모두 함께 지내며 그들의 모든 것을 공동 소유로 내어놓고 재산과 물건을 팔아서 모든 사람에게 필요한 만큼 나누어주었다.

그리고 한마음이 되어 날마다 열심히 성전에 모였으며, 집집마다 돌아가며 같이 빵을 나누고, 순수한 마음으로 기쁘게 음식을 함께 먹으며 하느님을 찬양하였다. 이것을 보고 모든 사람이 그들을 우러러보게 되었다. 주께서는 구원받을 사람을 날마다 늘려주셔서 신도의 모임이 커갔다. 사도행전 2 : 43-47

제6장

의례儀禮

동방박사의 경배 The Adoration of the Magi
산드로 보티첼리 Sandro Botticelli

모든 종교는 자신의 본질적 내용을 표현하기 위하여 형식을 갖게 마련이다. 그리스도교도 자신의 복음을 선포하고 전달하기 위한 수단으로서 많은 종교 의례를 형식화하고 있다. 무엇보다 먼저 그리스도교는 하느님께서 이 세상을 6일 동안에 창조하시고 제7일에는 쉬셨다는 ≪성서≫ 증언과, 그리고 그리스도가 부활하신 날이 안식일安息日이었다는 사실에 기초하여, 한 주간의 끝을 주主의 날, 곧 거룩한 날로 지키고 있는 것이다.

이날은 평일平日과는 구별되게 자신의 행동거지는 물론 입는 것, 먹는 것 등에 조심하며, 교회 공동체 안에서 예배를 드리고 봉사활동과 성도간의 교제 그리고 ≪성서≫의 가르침을 배우고 익히는 데 전념한다. 그러나 이러한 안식일을 지키는 기본 정신은 인간이 안식일을 위해 있는 것이 아니라, 안식일이 인간을 위해 있다는 예수의 탈율법적脫律法的 가르침 속에 있다.

본래 안식일, 곧 주의 날은 레위기에 기록된 희년법禧年法 사상에 기원한다. 당신의 창조 세계의 보전과 지속을 위해, 그리고 인간 공동체의 평화를 위해, 하느님은 인간뿐만 아니라 모든 자연 및 동물들에게 본래적 상태에로의 복귀復歸와 쉼을 명령했던 것이다. 그렇기에 안식일의 의미는 인간과 자연이 자신의 본래성本來性, 곧 하느님으로부터 창조된 본성을 회복하는 구원의 날이 되어야 하는 것이다.

또한 그리스도교는 예수 그리스도의 탄생, 죽음, 부활을 기념하기 위해 정기 의례를 만들어놓고 인간 구원을 위한 그 의례들의 의미성을 반복적으로 재확인하고 있다. 예수의 탄생을 기다리는 대림절待臨節, 예수 탄생을 기념하는 성탄절聖誕節, 예수의 고난과 죽음을 생각하는 사순절四旬節, 예수의 부활을 축하하는 부활절復活節, 그리고 성령 강림을 기다리는 오순절五旬節(성령강림절) 등이 바로 그것이다. 세속적인 시간 한 가운데서 믿음의 주主인 예수를 중심한 종교 의례를 통해서, 그리스도교는 자신의 구원 행위를 구체화시켜내고 있는 것이다.

이외에도 교회 공동체 내에는 신앙인들을 받아들이고 가르쳐서 키워내며, 그들의 결혼, 죽음 등을 일종의 통과의례의 형식을 갖고서 교회 내적으로 수행하기 위한 예식들이 있다. 그리고 역시 특정 민족 및 국가 속에 자리한 교회 공동체는, 민족 경축일이 지닌 의미를 신앙적으로 해석하고 축하하기 위한 특별 의례를 계발해 나가고 있는 실정이다. 한국 그리스도교는 신년예배, 3·1절 기념예배, 평화통일기원예배 등을 중시하고 있다.

1. 주主(하느님)의 날, 주의 해(年)

그리스도교는 매주 일곱 번째 날을 안식일, 곧 주의 날로 기념한다. 본래 안식일이란 유다 민족들이 십계명의 전통에 따라 일상의 일을 중지하고 하느님을 예배하고 기념하던 날이었던바, ≪신약성서≫ 시대로 접어들면서 예수 그리스도께서 부활하신 날의 의미로 지평이 확대되었다. 천지天地를 지으신 후 일곱째 날은 쉬셨다는 ≪구약성서≫ 〈창세기〉 1장의 내용도 안식일을 축하하고 기념하는 이유 중의 하나이다.

또한 주의 해〔年〕란 잘못된 사회 구조를 바로잡기 위해 하느님께서 일방적으로 선포하신 은총의 시간이란 의미를 지니고 있다. 본래 가나안 정복 이후 공평한 삶을 누렸던 이스라엘 민족들은 시간이 경과하면서 빈부귀천은 물론 주인과 종의 사회구조를 형성시켰는데, 하느님께서는 이스라엘 공동체의 회복을 위해 최초의 상태로 모든 것을 돌려놓을 것을 명령하셨다. 이스라엘 민족들은 이러한 주님의 해를 희년禧年으로 명명했으며 그해는 가나안 정복 이후 50년이 되는 시점이다.

1) 안식일安息日

"너는 이스라엘 백성에게 일러라. '안식일은 나와 너희 대대에 걸쳐 세워진 표이니 너희는 나의 안식일을 잘 지켜라. 그러면 너희를 성별聖別한 것이 나 야훼임을 알리라.

너희는 안식일을 지켜야 한다. 안식일은 너희에게 거룩한 날이다. 이날을 범하는 자는 반드시 사형에 처하여야 한다. 그날 일하는 자는 누구든지 겨레에서 추방당해 목숨을 잃을 것이다. 엿새 동안 일하고, 이렛날은 야훼를 섬기는 거룩한 날이니 철저하게 쉬어야 한다. 안식일에 일하는 자는 반드시 사형에 처하여야 한다.

이스라엘 백성은 안식일을 대대로 지킬 영원한 계약으로 삼아야 한다. 야훼가 엿새 동안에 하늘과 땅을 만들고 이렛날은 쉬며

숨을 돌렸으니, 안식일은 나와 이스라엘 백성 사이에 세워진 영원한 표가 된다.'" 출애굽기 31 : 13-17

야훼께서 모세에게 말씀하셨다. "너는 이스라엘 백성에게 이렇게 일러주어라. '너희가 거룩한 모임으로 백성을 소집하여 기념할 야훼의 축절祝節들이 있는데 그 축절들은 다음과 같다.

너희는 엿새 동안 일을 하다가 7일째 되는 날은 철저하게 쉬는 안식일이므로, 그날에는 아무 일도 하지 말고 거룩한 모임을 열어야 한다. 어디에서 살든지 너희는 이날을 야훼에게 바치는 안식일로 삼아라.'" 레위기 23 : 1-3

2) 희년禧年

야훼께서 시나이 산에서 모세에게 말씀하셨다.

"너는 이스라엘 백성에게 이렇게 일러주어라. '너희는 내가 주는 땅으로 들어가서 야훼의 안식년이 되거든 그 땅을 묵혀라. 너희는 6년 동안 밭에 씨를 뿌리고 6년 동안 포도 순筍을 쳐, 그 소출을 거두어라.

7년째 되는 해는 야훼의 안식년이므로 그 땅을 아주 묵혀 밭에 씨를 뿌리지 말고, 포도 순을 치지도 마라. 너희가 거둘 때 떨어진 데서 절로 자란 것을 거두지 말고, 순을 치지 않고 내버려둔 덩굴에 절로 열린 포도송이를 따지 말며 땅을 완전히 묵혀야 한다.

너희 땅을 묵히는 것은 너희 뿐 아니라 너희 집에 머무는 너희

남종과 여종과 품꾼과 식객까지 모두 먹여 살리기 위한 것이다. 그러면 너희 가축과 너희 땅에 사는 짐승도 땅에서 나는 온갖 소출을 먹고 살 수 있을 것이다.

너희는 또 일곱 해를 일곱 번 해서, 안식년을 일곱 번 세어라. 이렇게 안식년을 일곱 번 맞아 49년이 지나서 일곱째 달이 되거든 그달 10일에 나팔 소리를 크게 울려라. 죄 벗는 이날 너희는 나팔을 불어 온 땅에 울려 퍼지게 하여라.

50년이 되는 이해를 너희는 거룩한 해로 정하고 너희 땅에 사는 모든 사람에게 해방을 선포하여라. 이해는 너희가 희년으로 지킬 해이다. 저마다 제 소유지를 찾아 자기 지파에게로 돌아가야 한다. 50년이 되는 해는 너희가 희년으로 지낼 해이니, 씨를 심지도 말고, 절로 자란 것을 거두지도 말며, 순을 치지 않고 내버려두었는데 절로 열린 포도송이를 따지도 마라.

이해가 희년이니, 이해를 거룩하게 지내야 한다. 너희는 밭에서 난 소출을 먹고 지낼 수 있을 것이다. 이 희년에 너희는 저마다 자기 소유지로 돌아가야 한다.'" 레위기 25 : 1-10

늘 하시던 대로 회당會堂에 들어가셨다. 그리고 ≪성서≫를 읽으시려고 일어서서 이사야 예언서의 두루마리를 받아 들고 이러한 말씀이 적혀 있는 대목을 펴서 읽으셨다.

"주님의 성령이 나에게 내리셨다.

주께서 나에게 기름을 부으시어

가난한 이들에게
복음을 전하게 하셨다.
주께서 나를 보내시어
묶인 사람들에게는 해방을 알려주고
눈먼 사람들은 보게 하고,
억눌린 사람들에게는 자유를 주며
주님의 은총의 해를 선포하게 하셨다."

루가의 복음서 4 : 16-19

2. 예배력禮拜曆에 따른 절기節氣예배

그리스도교는 예수 그리스도의 출생으로부터 십자가 죽음 및 부활 승천에 이르기까지, 그의 전全 삶을 기념하고 기억하는 의미로 예배력禮拜曆을 만들어 그때마다 축하 예배를 드리고 있다.

예컨대 대림절은 그리스도 예수 탄생을 기다리는 절기로 크리스마스 4주 전부터 시작되며, 사순절은 그리스도의 부활을 기쁨과 소망으로 맞이하기 위해 그의 고난을 함께 체험하며 먹는 것, 입는 것 등의 생활 습관을 조심하는 기간이다. 또한 성령강림절聖靈降臨節은 그리스도의 부활 승천 이후 인간을 고아孤兒처럼 내버려두지 않으시고 성령을 보내신 의미를 기념하는 것이며, 왕국절王國節은 예수 그리스도가 하느님 보좌로 오르시어 세계 만민을 다스리는 왕 곧 만유의 주(Pantokrator)가 되심을 축하하는 절기이다. 맥추절麥秋節은 예수 그리스도의 생애와 직접적인 관계는 없는 것으로서 ≪구약성서≫ 시대에서부터 내려온 감사절感謝節이다.

1) 왕국절王國節

내 백성을 칠 목자들에게 이스라엘의 하느님으로서 말한다. 내 양 떼를 돌보아야 할 너희가 도리어 흩뜨려서 헤매게 하니, 너희의 그 괘씸한 소행所行을 어찌 벌하지 않고 두겠느냐! 똑똑히 들어라. 나 비록 나의 양 떼를 이 나라 저 나라로 헤매게 하였지만, 그중에서 살아남은 것을 모든 나라에서 본래의 목장으로 다시 모아들여 크게 불어나게 할 것이며, 그들을 위하여 참 목자들을 세워주리라. 그러면 내 양 떼는 겁이 나서 무서워 떠는 일 없이 살 것이며, 하나도 잃어버리지 아니하리라. 이는 내 말이라, 어김이 없다.

내가 다윗의 정통 왕손王孫을 일으킬 그날은 오고야 만다. 이는 내 말이라, 어김이 없다. 그는 현명한 왕으로서 세상에 올바른 정치를 펴리라. 그를 왕으로 모시고 유다와 이스라엘은 살 길이 열려 마음놓고 살게 되리라. '야훼 우리를 되살려주시는 이'라는 이름으로 그를 부르리라. 예레미야 23 : 2-6

2) 대림절待臨節

이새의 그루터기에서 햇순이 나오고

그 뿌리에서 새싹이 돋아난다.
야훼의 영靈이 그 위에 내린다.
지혜와 슬기를 주는 영,
경륜과 용기를 주는 영,
야훼를 알게 하고 그를 두려워하게 하는 영이 내린다.
그는 야훼를 두려워하는 것으로 기쁨을 삼아
겉만 보고 재판하지 아니하고
말만 듣고 시비를 가리지 아니하리라.
가난한 자들의 재판을 정당하게 해주고
흙에 묻혀 사는 천민의 시비를 바로 가려주리라.
그의 말은 몽치가 되어 잔인한 자를 치고
그의 입김은 무도한 자를 죽이리라.
그는 정의로 허리를 동이고
성실로 띠를 띠리라.
늑대가 새끼 양과 어울리고
표범이 숫염소와 함께 뒹굴며
새끼 사자와 송아지가 함께 풀을 뜯으리니
어린아이가 그들을 몰고 다니리라.
암소와 곰이 친구가 되어
그 새끼들이 함께 뒹굴고
사자가 소처럼 여물을 먹으리라.
젖먹이가 살무사의 굴에서 장난하고

젖뗀 어린아기가 독사의 굴에 겁 없이 손을 넣으리라.
나의 거룩한 산 어디를 가나
서로 해치거나 죽이는 일이 다시는 없으리라.
바다에 물이 넘실거리듯
땅에는 야훼를 아는 지식이 차고 넘치리라. 이사야 11 : 1-9

엘리사벳이 아기를 가진 지 여섯 달이 되었을 때에 하느님께서는 천사 가브리엘을 갈릴래아 지방 나자렛이라는 동네로 보내시어 다윗 가문의 요셉이라는 사람과 약혼한 처녀를 찾아가게 하셨다. 그 처녀의 이름은 마리아였다.

수태고지受胎告知 Annunciation
프라 안젤리코 Fra Angelico

천사는 마리아의 집으로 들어 가, "은총을 가득히 받은 이여, 기뻐하여라. 주께서 너와 함께 계신다." 하고 인사하였다. 마리아는 몹시 당황하며 도대체 그 인사말이 무슨 뜻일까 하고 곰곰이 생각하였다. 그러자 천사는 다시 "두려워하지 마라, 마리아. 너는 하느님의 은총을 받았다. 이제 아기를 가져 아들을 낳을 터이니 이름을 예수라 하여라. 그 아기는 위대한 분이 되어 지극히 높으신 하느님의 아들이라 불릴 것이다. 주 하느님께서 그에게 조상 다윗의 왕위를 주시어 야곱의 후손을 영원히 다스리는 왕이 되겠고 그의 나라는 끝이 없을 것이다." 하고 일러주었다.

이 말을 듣고 마리아가 "이 몸은 처녀處女입니다. 어떻게 그런 일이 있을 수 있겠습니까?" 하자 천사는 이렇게 대답하였다. "성령이 너에게 내려오시고 지극히 높으신 분의 힘이 감싸주실 것이다. 그러므로 태어나실 그 거룩한 아기를 하느님의 아들이라 부르게 될 것이다. 네 친척 엘리사벳을 보아라. 아기를 낳지 못하는 여자라고들 하였지만, 그 늙은 나이에도 아기를 가진 지가 벌써 여섯 달이나 되었다. 하느님께서 하시는 일은 안 되는 것이 없다."

이 말을 들은 마리아는 "이 몸은 주님의 종입니다. 지금 말씀대로 저에게 이루어지기를 바랍니다." 하고 대답하였다. 그러자 천사는 마리아에게서 떠나갔다. 루가의 복음서 1 : 26-38

3) 성탄절聖誕節

예수 그리스도께서 태어나신 경위는 이러하다. 예수의 어머니 마리아는 요셉과 약혼을 하고 같이 살기 전에 잉태한 것이 드러났다. 그 잉태는 성령으로 말미암은 것이었다. 마리아의 남편 요셉은 법대로 사는 사람이었고 또 마리아의 일을 세상에 드러낼 생각도 없었으므로 남모르게 파혼하기로 마음먹었다.

요셉이 이런 생각을 하고 있을 무렵에 주의 천사가 꿈에 나타나서 "다윗의 자손 요셉아, 두려워하지 말고 마리아를 아내로 맞아들이어라. 그의 태중에 있는 아기는 성령으로 말미암은 것이다. 마리아가 아들을 낳을 터이니 그 이름을 예수라 하여라. 예수는 자기 백성을 죄에서 구원救援할 것이다." 하고 일러주었다. 이 모든 일로써 주께서 예언자를 시켜,

"동정녀가 잉태하여 아들을 낳으리니

그 이름을 임마누엘이라 하리라."

하신 말씀이 그대로 이루어졌다.

임마누엘은 '하느님께서 우리와 함께 계시다.'는 뜻이다.

잠에서 깨어난 요셉은 주의 천사가 일러준 대로 마리아를 아내로 맞아들였다. 그러나 아들을 낳을 때까지 동침하지 않고 지내다가 마리아가 아들을 낳자 그 아기를 예수라고 불렀다.

마태오의 복음서 1 : 18-25

그 근방 들에는 목자들이 밤을 새워가며 양 떼를 지키고 있었다. 그런데 주님의 영광의 빛이 그들에게 두루 비치면서 주님의 천사가 나타났다. 목자들이 겁에 질려 떠는 것을 보고 천사는 "두

려워하지 마라. 나는 너희에게 기쁜 소식을 전하러 왔다. 모든 백성들에게 큰 기쁨이 될 소식이다. 오늘 밤 너희의 구세주께서 다윗의 고을에 나셨다. 그분은 바로 주님이신 그리스도이시다. 너희는 한 갓난아이가 포대기에 싸여 구유에 누워 있는 것을 보게 될 터인데 그것이 바로 그분을 알아보는 표이다." 하고 말하였다.

이때에 갑자기 수많은 하늘의 군대가 나타나 그 천사와 함께 하느님을 찬양하였다.

"하늘 높은 곳에는 하느님께 영광,
땅에서는 그가 사랑하시는 사람들에게 평화!"

루가의 복음서 2 : 8-14

4) 사순절四旬節

그동안 대사제들과 원로들은 군중을 선동하여 바라빠를 놓아주고 예수는 죽여달라고 요구하게 하였다. 총독이 "이 두 사람 중에서 누구를 놓아달라는 말이냐?" 하고 묻자 그들은 "바라빠요." 하고 소리 질렀다. 그래서 "그리스도라는 예수는 어떻게 하면 좋겠느냐?" 하자 모두들 "십자가에 못 박으시오!" 하고 소리 질렀다. 빌라도가 "도대체 그 사람의 잘못이 무엇이냐?" 하고 물었으나 사람들은 더 악을 써가며 "십자가에 못 박으시오!" 하고 외쳤다.

빌라도는 그 이상 더 말해보아야 아무런 소용도 없다는 것을 알았을 뿐만 아니라 오히려 폭동이 일어나려는 기세가 보였으므로, 물을 가져다가 군중 앞에서 손을 씻으며 "너희가 맡아서 처리하여

라. 나는 이 사람의 피에 대해서는 책임이 없다." 하고 말하였다. 군중은 "그 사람의 피에 대한 책임은 우리와 우리 자손들이 지겠습니다." 하고 소리쳤다.

갈보리 길의 예수 Christ on the Road to Calvary
조반니 바티스타 티에폴로 Giovanni Battista Tiepolo

그래서 빌라도는 바라빠를 놓아주고 예수는 채찍질하게 한 다음, 십자가형에 처하라고 내어주었다. 총독의 병사들이 예수를 총독 관저로 끌고 들어가서 전 부대원을 불러모아 예수를 에워쌌다. 그리고 예수의 옷을 벗기고 대신 주홍색 옷을 입힌 뒤 가시로 왕관을 엮어 머리에 씌우고 오른손에 갈대를 들린 다음, 그 앞에 무릎을 꿇고 "유다인의 왕 만세!" 하고 떠들며 조롱하였다. 그리고 그에게 침을 뱉으며 갈대를 빼앗아 머리를 때렸다. 이렇게 희롱하고 나서 그 겉옷을 벗기고 예수의 옷을 도로 입혀 십자가에 못 박으러 끌고 나갔다.

그들이 나가다가 시몬이라는 키레네 사람을 만나자 그를 붙들어 억지로 예수의 십자가를 지고 가게 하였다. 그리고 골고타 곧 해골산이라는 데에 이르렀을 때에 그들은 예수께 쓸개를 탄 포도주를 마시라고 주었으나, 예수께서는 맛만 보시고 마시려 하지 않으셨다. 그들은 예수를 십자가에 못 박고 나서 주사위를 던져 예수의 옷을 나누어 갖고 거기 앉아 예수를 지키고 있었다. 그리고 예수의 머리 위에 죄목을 적어 붙였는데 거기에는 '유다인의 왕 예수'라고 적혀 있었다.

그때에 강도 두 사람도 예수와 함께 십자가형을 받았는데 그 하나는 예수의 오른편에, 다른 하나는 왼편에 달렸다. 지나가던 사람들이 머리를 흔들며 "성전을 헐고 사흘이면 다시 짓는다던 자야, 네 목숨이나 건져라. 네가 정말 하느님의 아들이거든, 어서 십자가에서 내려와 보아라." 하며 모욕하였다.

같은 모양으로 대사제들과 율법학자들과 원로들도 "남은 살리면서 자기는 못 살리는구나. 저 사람이 이스라엘의 왕이래. 십자가에서 한번 내려와 보시지. 그러면 우리가 믿고말고. 저 사람이 하느님을 믿고 또 제가 하느님의 아들입네 했으니 하느님이 원하시면 어디 살려보시라지." 하며 조롱하였다. 예수와 함께 십자가에 달린 강도들도 예수를 모욕하였다.

낮 12시부터 온 땅이 어둠에 덮여 오후 3시까지 계속되었다. 3시쯤 되어 예수께서 큰 소리로 "엘리 엘리 레마 사박타니?" 하고 부르짖으셨다. 이 말씀은 "나의 하느님, 나의 하느님, 어찌하여 나를 버리셨나이까?"라는 뜻이다. 거기에 서 있던 몇 사람이 이 말을 듣고 "저 사람이 엘리야를 부르고 있다." 하고 말하였다. 그리고 그 중의 한 사람은 곧 달려가 해면을 신 포도주에 적시어 갈대 끝에 꽂아 예수께 목을 축이라고 주었다. 그러나 다른 사람들은 "그만 두시오. 엘리야가 와서 그를 구해주나 봅시다." 하고 말하였다. 예수께서 다시 한 번 큰 소리를 지르시고 숨을 거두셨다.

마태오의 복음서 27 : 20-50

5) 부활절復活節

안식일 다음날 이른 새벽의 일이었다. 아직 어두울 때에 막달라 여자 마리아가 무덤에 가보니 무덤을 막았던 돌이 이미 치워져 있었다. 그래서 그 여자는 달음질을 하여 시몬 베드로와 예수께서 사랑하시던 다른 제자에게 가서 "누군가가 주님을 무덤에서 꺼내 갔습니다. 어디에다 모셨는지 모르겠습니다." 하고 알려주었다. 이 말을 듣고 베드로와 다른 제자는 곧 떠나 무덤으로 향하였다. 두 사람이 같이 달음질쳐 갔지만 다른 제자가 베드로보다 더 빨리 달려가 먼저 무덤에 다다랐다. 그는 몸을 굽혀 수의가 흩어져 있는 것을 보았으나 안에 들어가지는 않았다.

곧 뒤따라온 시몬 베드로가 무덤 안에 들어가 그도 역시 수의가 흩어져 있는 것을 보았는데 예수의 머리를 싸맸던 수건은 수의와 함께 흩어져 있지 않고 따로 한 곳에 잘 개켜져 있었다. 그제야 무덤에 먼저 다다른 다른 제자도 들어가서 보고 믿었다. 그들은 그때까지도 예수께서 죽었다가 반드시 살아나실 것이라는 ≪성서≫의 말씀을 깨닫지 못하고 있었던 것이다. 두 제자는 숙소로 다시 돌아갔다.

한편 무덤 밖에 서서 울고 있던 마리아가 몸을 굽혀 무덤 속을 들여다보니 흰옷을 입은 두 천사가 앉아 있었다. 한 천사는 예수의 시체를 모셨던 자리 머리맡에 있었고 또 한 천사는 발치에 있었다. 천사들이 마리아에게 "왜 울고 있느냐?" 하고 물었다. "누군가가 제 주님을 꺼내갔습니다. 어디에다 모셨는지 모르겠습니다." 마리아가 이렇게 대답하고 나서 뒤를 돌아다보았더니 예수께서 거기에 서 계셨다. 그러나 그분이 예수인 줄은 미처 몰랐다.

요한의 복음서 20 : 1-14

6) 성령강림절聖靈降臨節

마침내 오순절이 되어 신도信徒들이 모두 한 곳에 모여 있었는데 갑자기 하늘에서 세찬 바람이 부는 듯한 소리가 들려오더니, 그들이 앉아 있던 온 집안을 가득 채웠다. 그러자 혀 같은 것들이 나타나 불길처럼 갈라지며 각 사람 위에 내렸다. 그들의 마음은 성령으로 가득 차서 성령이 시키시는 대로 여러 가지 외국어로 말을 하기 시작하였다.

그때 예루살렘에는 세계 각국에서 온 경건한 유다인들이 살고 있었다. 그 소리가 나자 많은 사람들이 몰려들었다. 그리고 사도들이 말하는 것이 사람들에게는 저마다 자기네 지방 말로 들리므로 모두 어리둥절해졌다.

그들은 놀라고 또 한편 신기하게 여기며 "지금 말하고 있는 저 사람들은 모두 갈릴래아 사람들이 아닌가! 그런데 우리는 저 사람들이 하는 말을 저마다 자기가 태어난 지방의 말로 듣고 있으니 어찌 된 셈인가? 이 가운데는 바르티아 사람, 메대 사람, 엘람 사람이 있는가 하면, 메소포타미아, 유다, 갑바도기아, 본도, 아시아에서 온 사람들도 있고, 프리기아, 밤필리아, 이집트, 또 키레네에 가까운 리비아의 여러 지방 사람들도 있다. 그리고 로마에서 나그네로 온 유다인들과 유다교에 개종한 이방인들이 있고, 그레데 사람들과 아라비아 사람들도 있다. 그런데 저 사람들이 지금 하느님

성령강림절 Pentecost
엘 그레코 El Greco

께서 하신 큰 일들을 전하고 있는데, 그것을 우리는 저마다 자기 네 말로 듣고 있지 않은가?" 하고 말하였다. 이렇게 모두 놀라고 어안이 벙벙하여 "도대체 어찌 된 영문인가?" 하며 웅성거렸는데 그중에는 "저 사람들이 술에 취했군!" 하고 빈정거리는 사람들도 있었다.

사도행전 2 : 1-13

7) 맥추절麥秋節, 감사절感謝節

너희는 엿새 동안 일하고 이렛날에는 쉬어야 한다. 밭갈이하는 시절에도 거둠질하는 시절에도 쉬어야 한다. 밀곡식을 처음 거두어들일 때 추수절을 지켜라. 해가 바뀔 때, 초막절을 지켜라. 모든 남자가 한 해에 세 번씩 이스라엘의 하느님 주 야훼 앞에 나타나야 한다.

내가 뭇 백성을 너희 앞에서 쫓아내고 너희 지경地境을 넓혀주리라. 너희가 한 해에 세 번씩 너희 하느님 야훼 앞에 나타나러 올라와도 그동안에 너희 땅을 탐내어 엿보는 자가 없으리라.

출애굽기 34 : 21-24

3. 교회 공동체 유지를 위한 비정기 의례 : 통과의례

교회 공동체를 유지하고 그를 확대 지속시켜 나가기 위하여 그리스도 교회는 정기 예배력 이외에 비정기 의례들을 발전시켜왔다. 학습세례식學習洗禮式은 구원 공동체로서의 교회 구성원을 확장시키는 일이며, 추도예식追悼禮式은 신앙인으로서 죽은 사람들의 영혼을 추모하는 예배 의식이고, 성찬예식聖餐禮式은 그리스도의 살과 피를 먹고 마심으로 그리스도의 죽음을 기억하기 위한 의례이며, 또한 결혼을 위한 특별예배 형식도 마련되어 있다. 교회를 치리治理하는 목사, 장로들의 자격을 검토하고 그 사명을 재확인하는 안수식按手式도 교회에서 빼놓을 수 없는 의식 중 하나이다.

1) 학습세례식學習洗禮式

하느님은 이 세상을 극진히 사랑하셔서 외아들을 보내주시어 그를 믿는 사람은 누구든지 멸망하지 않고 영원한 생명을 얻게 하여주셨다. 하느님이 아들을 세상에 보내신 것은 세상을 단죄하시려는 것이 아니라 아들을 시켜 구원하시려는 것이다. 그를 믿는 사람은 죄인으로 판결받지 않으나, 믿지 않는 사람은 이미 죄인으로 판결을 받았다. 하느님의 외아들을 믿지 않았기 때문이다.

빛이 세상에 왔지만 사람들은 자기들의 행실이 악하여 빛보다 어둠을 더 사랑했다. 이것이 벌써 죄인으로 판결받았다는 것을 말해준다. 과연 악한 일을 일삼는 자는 누구나 자기 죄상罪狀이 드러날까 봐 빛을 미워하고 멀리한다. 그러나 진리를 따라 사는 사람은 빛이 있는 데로 나아간다. 그리하여 그가 한 일은 모두 하느님의 뜻을 따라 한 일이라는 것이 드러나게 된다.

요한의 복음서 3 : 16-21

어버이들은 자녀의 마음에 상처를 입히지 말고 주님의 정신으로 교육하고 훈계하며 잘 기르십시오.

에페소인들에게 보낸 편지 6 : 4

2) 성찬예식聖餐禮式

이때 유다인들은 "나는 하늘에서 내려온 빵이다." 하신 예수의 말씀이 못마땅해서 웅성거리기 시작하였다. "아니, 저 사람은 요셉의 아들 예수가 아닌가? 그의 부모도 우리가 다 알고 있는 터인데 자기가 하늘에서 내려왔다니 말이 되는가?"

그 말을 들으시고 예수께서는 "무엇이 그렇게 못마땅하냐? 나를 보내신 아버지께서 이끌어주시지 않으면 아무도 내게 올 수 없다. 그리고 내게 오는 사람은 마지막 날에 내가 살릴 것이다. 예언서에 그들은 모두 하느님의 가르침을 받을 것이라고 기록되어 있다. 누구든지 아버지의 가르침을 듣고 배우는 사람은 나에게로 온다. 그렇다고 해서 아버지를 본 사람이 있다는 것은 아니다. 하느님께로부터 온 이밖에는 아버지를 본 사람이 없다.

정말 잘 들어두어라. 믿는 사람은 누구나 영원한 생명을 누린다. 나는 생명의 빵이다. 너희의 조상들은 광야에서 만나를 먹고도 다 죽었지만 하늘에서 내려온 이 빵을 먹는 사람은 죽지 않는다.

나는 하늘에서 내려온 살아 있는 빵이다. 이 빵을 먹는 사람은 누구든지 영원히 살 것이다. 내가 줄 빵은 곧 나의 살이다. 세상은 그것으로 생명을 얻게 될 것이다." 하고 말씀하셨다.

요한의 복음서 6 : 41-51

3) 결혼예식結婚禮式

야훼 하느님께서는 "아담이 혼자 있는 것이 좋지 않으니, 그의 일을 거들 짝을 만들어주리라." 하시고, 들짐승과 공중의 새를 하나하나 진흙으로 빚어 만드시고, 아담에게 데려다 주시고는 그가 무슨 이름을 붙이는가 보고 계셨다. 아담이 동물 하나하나에게 붙여준 것이 그대로 그 동물의 이름이 되었다.

이렇게 아담은 집짐승과 공중의 새와 들짐승의 이름을 붙여주었지만, 그 가운데는 그의 일을 거들 짝이 보이지 않았다. 그래서 야훼 하느님께서 아담을 깊이 잠들게 하신 다음, 아담의 갈빗대를 하나 뽑고 그 자리를 살로 메우시고는 그 갈빗대로 여자를 만드신 다음, 아담에게 데려오시자 아담은 이렇게 외쳤다.

"드디어 나타났구나!
내 뼈에서 나온 뼈요,
내 살에서 나온 살이로구나.
지아비에게서 나왔으니
지어미라고 부르리라!"

이리하여 남자는 어버이를 떠나 아내와 어울려 한 몸이 되게 되었다. 아담 내외는 알몸이면서도 서로 부끄러운 줄을 몰랐다.

창세기 2 : 18-25

아내 된 사람들은 주님께 순종順從하듯 자기 남편에게 순종하십시오. 그리스도께서 당신의 몸인 교회敎會의 구원자로서 그 교회의 머리가 되시는 것처럼 남편은 아내의 주인이 됩니다. 교회가 그리스도께 순종하는 것처럼 아내도 모든 일에 자기 남편에게 순종해야 합니다.

남편 된 사람들은 그리스도께서 교회를 사랑하셔서 당신의 몸을 바치신 것처럼 자기 아내를 사랑하십시오.

에페소인들에게 보낸 편지 5 : 22-25

4) 장례입관예식葬禮入棺禮式(어린이 포함)

"너희는 걱정하지 마라. 하느님을 믿고 또 나를 믿어라. 내 아버지 집에는 있을 곳이 많다. 그리고 나는 너희가 있을 곳을 마련하러 간다. 만일 거기에 있을 곳이 없다면 내가 이렇게 말하겠느냐? 가서 너희가 있을 곳을 마련하면 다시 와서 너희를 데려다가 내가 있는 곳에 같이 있게 하겠다. 너희는 내가 어디로 가는지 그 길을 알고 있다."

그러자 토마가 "주님, 저희는 주님이 어디로 가시는지도 모르는데 어떻게 그 길을 알겠습니까?" 하고 말하였다.

예수께서는 "나는 길이요 진리요 생명이다. 나를 거치지 않고서

는 아무도 아버지께 갈 수 없다." 요한의 복음서 14 : 1-6

죽은 자들의 부활復活도 이와 같습니다. 썩을 몸으로 묻히지만 썩지 않는 몸으로 다시 살아납니다. 천한 것으로 묻히지만 영광스러운 것으로 다시 살아납니다. 약한 자로 묻히지만 강한 자로 다시 살아납니다. 육체적인 몸으로 묻히지만 영적인 몸으로 다시 살아납니다. 육체적인 몸이 있으면 영적인 몸도 있습니다.

고린토인들에게 보낸 첫째 편지 15 : 42-44

5) 추도예식追悼禮式

그 뒤에 나는 새 하늘과 새 땅을 보았습니다. 이전의 하늘과 이전의 땅은 사라지고 바다도 없어졌습니다. 나는 또 거룩한 도성 새 예루살렘이 신랑을 맞을 신부가 단장한 것처럼 차리고 하느님께서 계시는 하늘로부터 내려오는 것을 보았습니다.

그때 나는 옥좌玉座로부터 울려 나오는 큰 음성을 들었습니다. "이제 하느님의 집은 사람들이 사는 곳에 있다. 하느님은 사람들과 함께 계시고 사람들은 하느님의 백성이 될 것이다. 하느님께서는 친히 그들과 함께 계시고 그들의 하느님이 되셔서 그들의 눈에서 모든 눈물을 씻어주실 것이다. 이제는 죽음이 없고 슬픔도 울부짖음도 고통도 없을 것이다. 이전 것들이 다 사라져버렸기 때문이다."

그때 옥좌에 앉으신 분이 "보아라, 내가 모든 것을 새롭게 만든다." 하고 말씀하신 뒤 다시금 "기록하여라, 이 말은 확실하고 참된 말이다." 하고 말씀하셨습니다. 또 이어서 이렇게 말씀하셨습니다. "이제 다 이루었다. 나는 알파와 오메가, 곧 처음과 마지막이다. 나는 목마른 자에게 생명의 샘물을 거저 마시게 하겠다. 승리하는 자는 이것들을 차지하게 될 것이며 나는 그의 하느님이 되고 그는 내 아들이 될 것이다." 요한의 묵시록 21 : 1-7

6) 안수식按手式 : 목사, 장로

그리스도께서는 우리들에게 각각 다른 은총을 알맞게 나누어주셨습니다. ≪성서≫에도,

"그가 높은 곳으로 올라가면서 사로잡은 자들을 데리고 가셨고 사람들에게 선물을 나누어주셨다."라는 말씀이 있지 않습니까? 그런데 올라가셨다는 말은 또한 땅 아래의 세계에까지 내려가셨다는 말이 아니고 무엇이겠습니까? 그리로 내려가셨던 바로 그분이 모든 것을 완성하시려고 하늘 위로 올라가셨습니다.

바로 그분이 사람들에게 각각 다른 선물을 은총으로 주셔서 어떤 사람들은 사도로, 어떤 사람들은 예언하는 사람으로, 어떤 사람들은 전도자로, 어떤 사람들은 목자와 교사로 삼으셨습니다. 그것은 성도들을 준비시켜서 봉사 활동을 하게 하여 그리스도의 몸을 자라게 하시려는 것입니다. 마침내 우리 모두가 하느님의 아드님에 대한 믿음과 지식에 있어서 하나가 되어 성숙한 인간으로서 그리스도의 완전성에 도달하게 되는 것입니다.

에페소인들에게 보낸 편지 4 : 7-13

나는 여러분 가운데 원로로 계신 분들에게, 같은 원로로서 또한 그리스도의 고난의 증인이며 장차 나타날 영광을 함께 누릴 사람으로서 권고합니다. 하느님께서 여러분에게 맡겨주신 양 떼를 잘 치십시오. 그들을 잘 돌보되 억지로 할 것이 아니라 하느님의 뜻을 따라 자진해서 하며 부정한 이익을 탐내서 할 것이 아니라 기쁜 마음으로 하십시오.

여러분에게 맡겨진 양 떼를 지배하려 들지 말고 오히려 그들의 모범이 되십시오. 그러면 목자의 으뜸이신 그리스도가 나타나실 때에 여러분은 시들지 않는 영광의 월계관을 받게 될 것입니다.

베드로의 첫째 편지 5 : 1-4

7) 성전봉헌식聖殿奉獻式

예수께서 필립보의 가이사리아 지방에 이르렀을 때에 제자들에게 "사람의 아들을 누구라고 하더냐?" 하고 물으셨다. "어떤 사람들은 세례자 요한이라 하고 어떤 사람들은 엘리야라 하고 또 예레미야나 예언자 가운데 한 분이라고 하는 사람들도 있습니다."

제자들이 이렇게 대답하자 예수께서 이번에는 "그러면 너희는 나를 누구라고 생각하느냐?" 하고 물으셨다. "선생님은 살아 계신 하느님의 아들 그리스도이십니다."

시몬 베드로가 이렇게 대답하자 예수께서는 "시몬 바르요나, 너에게 그것을 알려주신 분은 사람이 아니라 하늘에 계신 내 아버지시니 너는 복이 있다. 잘 들어라. 너는 베드로이다. 내가 이 반석 위에 내 교회를 세울 터인즉 죽음의 힘도 감히 그것을 누르지 못할 것이다. 또 나는 너에게 하늘나라의 열쇠를 주겠다. 네가 무엇이든지 땅에서 매면 하늘에도 매여 있을 것이며, 땅에서 풀면 하늘에도 풀려 있을 것이다." 하고 말씀하셨다. 그러고 나서 예수께서는 자신이 그리스도라는 것을 아무에게도 말하지 말라고 단단히 당부하셨다.

마태오의 복음서 16 : 13-20

베드로에게 열쇠를 주시는 그리스도 Christ handing the Keys to St. Peter
피에트로 페루지노 Pietro Perugino

바로 그분이 사람들에게 각각 다른 선물을 은총으로 주셔서 어떤 사람들은 사도로, 어떤 사람들은 예언하는 사람으로, 어떤 사람들은 전도자로, 어떤 사람들은 목자와 교사로 삼으셨습니다. 그것은 성도들을 준비시켜서 봉사 활동을 하게 하여 그리스도의 몸을 자라게 하시려는 것입니다. 마침내 우리 모두가 하느님의 아드님에 대한 믿음과 지식에 있어서 하나가 되어, 성숙한 인간으로서 그리스도의 완전성에 도달하게 되는 것입니다.

그때에는 우리가 이미 어린아이가 아니어서 인간의 간교한 유혹이나 속임수로써 사람들을 잘못에 빠뜨리는 교설敎說의 풍랑에 흔들리거나 이리저리 밀려다니는 일이 있어서는 안 될 것입니다. 도리어 우리는 사랑 가운데서 진리대로 살면서 여러 면에서 자라나, 머리이신 그리스도와 한 몸이 되어야 합니다. 우리의 몸은 각 부분이 자기 구실을 다함으로써, 각 마디로 서로 연결되고 얽혀서 영양분을 받아 자라납니다. 그리스도를 머리로 하는 교회도 이와 같이 하여 사랑으로 자체를 완성해나가는 것입니다.

에페소인들에게 보낸 편지 4 : 11-16

4. 국경일國慶日 등과 관련된 특별예배

그리스도교 교회는 구체적으로 특정한 시간時間과 공간空間 속에 존재한다. 예컨대 한국에 있는 그리스도 교회는 한국의 역사적 상황과 시대적 현실로부터 동떨어져 존재할 수 없다. 따라서 그리스도 교회는 한국 민족 역사에 있어서 기념할 만한 사건들을 함께 기억하며, 그 사건들 속에 내포된 하느님의 뜻과 계획이 무엇인지를 생각하고 되새기는 노력을 게을리하지 않았다. 3·1절 예배 그리고 8·15 광복절 예배와 함께 드리는 평화통일 예배 등이 바로 그것들이다.

1) 신년예배新年禮拜

그때 옥좌에 앉으신 분이 "보아라, 내가 모든 것을 새롭게 만든다." 하고 말씀하신 뒤 다시금 "기록하여라, 이 말은 확실하고 참된 말이다." 하고 말씀하셨습니다.

또 이어서 이렇게 말씀하셨습니다. "이제 다 이루었다. 나는 알파와 오메가, 곧 처음과 마지막이다. 나는 목마른 자에게 생명의 샘물을 거저 마시게 하겠다. 승리하는 자는 이것들을 차지하게 될 것이며 나는 그의 하느님이 되고 그는 내 아들이 될 것이다."

요한의 묵시록 21 : 5-7

2) 3·1절 기념예배記念禮拜

나는 그리스도의 사람으로서 진실을 말하고 거짓을 말하지 않습니다. 성령으로 움직이는 내 양심도 그것이 사실이라고 말해줍니다. 나에게는 큰 슬픔이 있습니다. 그리고 마음으로 끊임없이 번민하고 있습니다. 나는 혈육血肉을 같이하는 내 동족을 위해서라면 나 자신이 저주를 받아 그리스도에게서 떨어져 나갈지라도 조금도 한이 없겠습니다.

나의 동족은 이스라엘 사람들입니다. 그들에게는 하느님의 자녀가 되는 특권이 있고 하느님을 모시는 영광이 있고 하느님과 맺은 계약이 있습니다. 그리고 그들에게는 율법이 있고 참된 예배가 있고 하느님의 약속이 있습니다. 그들은 저 훌륭한 선조들의 후손들이며 그리스도도 인성으로 말하면 그들에게서 나셨습니다. 만물을 다스리시는 하느님을 영원토록 찬양합시다. 아멘.

로마인들에게 보낸 편지 9 : 1-5

3) 종교개혁宗敎改革 기념예배

나는 그 복음福音을 부끄럽게 여기지 않습니다. 복음은 먼저 유다인들에게, 그리고 이방인들에게까지 믿는 사람이면 누구에게나 구원을 가져다주시는 하느님의 능력입니다. 복음은 하느님께서 인간을 당신과 올바른 관계에 놓아주시는 길을 보여주십니다. 인간은 오직 믿음을 통해서 하느님과 올바른 관계를 가지게 됩니다. ≪성서≫에도 "믿음을 통해서 하느님과 올바른 관계를 가지게 된 사람은 살 것이다." 하지 않았습니까?

로마인들에게 보낸 편지 1 : 16, 17

4) 평화통일예배平和統一禮拜

야훼께서 나에게 말씀을 내리셨다.

"너 사람아, 나무 막대기 하나를 취하여 그 위에 '유다와 그와 한편이 된 이스라엘 백성'이라고 써라. 또 다른 나무 막대기 하나를 취하여 그 위에 '요셉, 에브라임의 막대기와 그와 한편이 된 이스라엘의 온 족속'이라고 써라. 그리고 이 둘을 붙여서 한 막대기로 만들어라. 둘이 하나가 되게 잡고 있어라. 네 겨레가 너에게 막대기가 저희와 무슨 관계가 있는지 알려달라고 묻거든 이렇게 일러주어라.

'주 야훼가 말한다. 나 이제 에브라임 수중에 있는 요셉과 그와 한편이 된 이스라엘 지파의 이름을 쓴 나무 막대기를 유다의 이름을 쓴 나무 막대기에 붙여 한 막대기로 만들리라. 둘이 하나가 되게 내가 잡고 있으리라.' 네 손으로 이름을 쓴 그 나무 막대기들을 사람들 보는 앞에서 들고, 사람들에게 일러주어라.

'주 야훼가 말한다. 여기저기 흩어져 있는 이스라엘 백성을 나 이제 뭇 민족들 가운데서 이끌어내리라. 사방에서 모아 고국故國으로 데려오리라. 그들을 나의 땅 이스라엘 산악 지대에서 한 민족으로 묶고 한 임금을 세워 다스리게 하리니, 다시는 두 민족으로 갈리지 않을 것이다. 다시는 반으로 갈라져 두 나라가 되지 않을 것이다. 그리고 나를 거역하여 온갖 죄를 지으며 보기에도 역겨운 우상들을 섬겨 몸을 더럽히는 일이 다시는 없을 것이다. 배신하여 온갖 탈선행위에 빠졌던 그들을 건져 정하게 해주리니, 그들은 다시 나의 백성이 되고 나는 그들의 하느님이 되리라.'"

에제키엘 37 : 15-23

이방인으로 태어난 여러분, 지난날을 생각해보십시오. 여러분은 단지 몸에다 사람의 손으로 행하는 할례를 받은 소위 할례자들로부터, 할례 받지 않은 사람들이라는 말을 들었습니다. 그때 여러분은 그리스도와는 아무 관계도 없었고 이스라엘 시민권도 없는 외국인으로서 약속의 계약에서 제외된 채 이 세상에서 희망도 하느님도 없이 살아온 사람들이었습니다. 이렇게 여러분이 전에는 하느님과 멀리 떨어져 있었지만 이제는 그리스도께서 피를 흘리심으로써 그리스도 예수로 말미암아 하느님과 가까워졌습니다.

그리스도야말로 우리의 평화이십니다. 그분은 자신의 몸을 바쳐서 유다인과 이방인이 서로 원수가 되어 갈리게 했던 담을 헐어버리시고 그들을 화해시켜 하나로 만드시고 율법 조문과 규정을 모두 폐지하셨습니다. 그리스도께서는 자신을 희생하여 유다인과 이방인을 하나의 새 민족으로 만들어 평화를 이룩하시고, 또 십자가에서 죽으심으로써 둘을 한 몸으로 만드셔서, 하느님과 화해시키고 원수되었던 모든 요소를 없이하셨습니다.

이렇게 그리스도께서는 세상에 오셔서 하느님과 멀리 떨어져 있던 여러분에게나 가까이 있던 유다인들에게나, 다 같이 평화의 기쁜 소식을 전해주셨습니다. 그래서 이방인 여러분과 우리 유다인들은 모두 그리스도로 말미암아 같은 성령을 받아 아버지께로 가까이 나아가게 되었습니다. 이제 여러분은 외국인도 아니고 나그네도 아닙니다. 성도들과 같은 한 시민이며 하느님의 한 가족입니다.

에페소인들에게 보낸 편지 2 : 11-19

제7장

개인윤리와 이상적 삶

성령강림절 Pentecost
엘 그레코 El Greco

그리스도교는 본래 모든 인간이 하느님의 형상대로 창조되었음을 믿고 있다. 그러나 아담과 하와의 선악과 사건으로 인해, 곧 원죄原罪로 인해 창조된 상태인 하느님 형상을 상실해버렸고, 그로써 자신의 욕망과 정욕대로 살게 되었다. 이러한 인간의 삶을 ≪성서≫는 삶이 아니고 죽음이라 규정하며, 이러한 죄의 세력으로부터 벗어나는 길은 예수 그리스도에 대한 믿음으로 비롯됨을 강조한다. 왜냐하면 예수 그리스도는 하느님 자신의 육화肉化, 계시啓示로서, 그의 십자가 죽음은 모든 인간의 죄를 대속代贖하는 그의 사랑의 표현이기 때문이다.

따라서 그리스도교가 말하는 이상적인 삶이란 하느님 형상을 회복한 존재, 자신의 뜻대로 욕망대로 살지 않고, 그리스도가 자신 속에 거주하는 구원받는 존재로서의 인생人生을 지시한다. 물론 ≪구약성서≫는 예수 그리스도 사건 이전에 기록된 문서이기에 율법과 약속으로 계시하신 하느님, 다시 말해 하느님의 율법을 묵상하고 그를 따르는 인생의 아름다움과 축복을 노래하고 있다. '신명기사관史觀'으로 불려지는 이스라엘 민족의 역사 이해는, 바로 하느님의 법도法度를 지키는 자와 그렇지 못한 자에게 다가올 삶의 결말을 염두에 둔 것이다.

이제 그리스도교는 신앙인들의 삶의 덕목德目들이 전적으로 성령의 열매로서 가능한 것임을 말한다. 이는 예수 그리스도와 더불어 사는 인간은 성령의 도움과 위로와 권면 속에서 살게 됨을 의미한다. 인간의 삶을 거룩하게 하며 성화聖化시키는 일은 모두 성령의 몫인 것이다. 그리스도를 믿고 따르는 인간에게 맺어지는 성령의 열매는 다음과 같은 덕목들, 즉 사랑, 기쁨, 나눔, 온유, 겸손, 용서, 절제, 성결, 자선, 자유, 근면과 인내 등이다. 이러한 덕목들을 통해 그리스도교는 신앙인이란 세상을 초월하여 존재하는 피안적彼岸的 세계의 동경자憧憬者만이 아니라, 현실 세계 내에서 자신을 거룩한 존재로 변화시키고, 그로써 이웃들에게 변화된 모습으로 다가가는 구체적 존재임을 지시하고 있다.

1. 이상적인 인간의 삶

그리스도교는 인간이 하느님의 형상을 따라 선하게 창조되었으나 하느님의 명령을 따르지 않음으로 타락했다고 가르친다. 그러나 타락은 그 자체로 하느님을 대적하는 악이 아니고 하느님이 함께 참여하는 삶의 구체적 현실일 뿐이다.

따라서 그리스도교는 인간이 상실된 하느님의 형상을 되찾을 수 있다고 말하며 이것은 예수 그리스도를 믿는 신앙信仰으로부터 가능하다고 설명한다. 그리스도교가 이상적으로 생각하는 인간 존재는 자신을 십자가에 못 박고 새롭게 태어난 존재 곧 그리스도 안의 존재이다.

1) 하느님의 형상 회복回復

"'네 이웃을 사랑하고 원수를 미워하여라.' 하신 말씀을 너희는 들었다. 그러나 나는 이렇게 말한다. 원수를 사랑하고 너희를 박해하는 사람들을 위하여 기도하여라. 그래야만 너희는 하늘에 계신 아버지의 아들이 될 것이다. 아버지께서는 악한 사람에게나 선한 사람에게나 똑같이 햇빛을 주시고 옳은 사람에게나 옳지 못한 사람에게나 똑같이 비를 내려주신다.

너희가 자기를 사랑하는 사람들만 사랑한다면 무슨 상을 받겠느냐? 세리들도 그만큼은 하지 않느냐? 또 너희가 자기 형제들에게만 인사를 한다면 남보다 나을 것이 무엇이냐? 이방인들도 그만큼은 하지 않느냐? 하늘에 계신 아버지께서 완전하신 것같이 너희도 완전한 사람이 되어라." 마태오의 복음서 5 : 43-48

여러분은 자신이 하느님의 성전이며 하느님의 성령께서 자기 안에 살아 계시다는 것을 모르십니까? 만일 누구든지 하느님의 성전을 파괴하면 하느님께서도 그 사람을 멸망시키실 것입니다. 하느님의 성전은 거룩하며 여러분 자신이 바로 하느님의 성전이기 때문입니다. 고린토인들에게 보낸 첫째 편지 3 : 16, 17

2) 그리스도 안의 존재

이제는 내가 사는 것이 아니라 그리스도가 내 안에서 사시는 것입니다. 지금 내가 살고 있는 것은 나를 사랑하시고 또 나를 위해서 당신의 몸을 내어주신 하느님의 아들을 믿는 믿음으로 사는 것입니다. 갈라디아인들에게 보낸 편지 2 : 20

사실 하느님의 성령께서 여러분 안에 계시다면 여러분은 육체를 따라 사는 사람이 아니라 성령을 따라 사는 사람입니다. 그러나 그리스도의 성령을 모시지 못한 사람은 그리스도의 사람이 아닙니다. 비록 여러분의 몸은 죄 때문에 죽었을지라도 그리스도께서 여러분 안에 계시면, 여러분은 이미 하느님과 올바른 관계에 있기 때문에 여러분의 영은 살아 있습니다.

그리고 예수를 죽은 자들 가운데서 다시 살리신 분의 성령께서 여러분 안에 계시면, 그리스도를 죽은 자들 가운데서 다시 살리신 분께서 여러분 안에 살아 계신 당신의 성령을 시켜, 여러분의 죽을 몸까지도 살려주실 것입니다. 로마인들에게 보낸 편지 8 : 9-11

2. 인간의 양심良心과 하느님의 법法을 따름

그리스도교는 인간 개인의 양심을 존중한다. 비록 사람들이 그리스도교 신앙, 곧 복음을 알기 이전에 자신의 양심대로 살았다면 그들에게도 구원이 발생할 수 있었음을 시사한다. 그러나 자연적 양심만으로는 부족하며 이후로는 예수 그리스도의 가르침대로 살

것을 종용慫慂한다.

"나를 따르라."는 예수의 제자됨의 길은 매 순간 십자가를 지는 삶이요, 지금까지의 가치관, 판단 기준, 이데올로기 등을 포기하는 것이요, 육체에 따른 정욕의 삶과 단절하는 일이다.

1) 인간의 양심良心

내가 마케도니아로 떠날 때에 간곡히 부탁한 대로 그대는 에페소에 머물러 있으시오. 거기에는 그릇된 교리敎理를 가르치거나 꾸며낸 이야기나 끝없는 족보 이야기에 정신이 팔린 사람들이 더러 있으니 그런 일을 못하게 하시오. 그런 것들은 쓸데없는 논쟁이나 일으킬 뿐이고, 믿음을 통해서 구원을 얻게 해주시는 하느님의 계획에는 아무런 도움도 되지 못합니다. 내가 그런 일을 금하는 목적은, 깨끗한 마음과 맑은 양심과 순수한 믿음에서 우러나오는 사랑을 불러일으키자는 것입니다.

디모테오에게 보낸 첫째 편지 1 : 3-5

그리스도께서도 여러분의 죄 때문에 죽으셨습니다. 죄 없으신 분이 죄인을 위해서 죽으신 것입니다. 그리스도께서는 단 한 번 죽으심으로써 여러분의 죄를 용서해주시고 하느님께로 인도해주셨습니다. 그리스도께서는 몸으로는 죽으셨지만 영적으로는 다시 사셨습니다. 이리하여 그리스도께서는 갇혀 있는 영혼들에게도 가셔서 기쁜 소식을 선포하셨습니다.

그들은 옛날에 노아가 방주를 만들었을 때 하느님께서 오래 참고 기다리셨지만 끝내 순종하지 않던 자들입니다. 그 방주에 들어가 물에 빠지지 않고 구원을 받은 사람은 겨우 여덟 사람뿐이었습니다. 그것은 오늘날 여러분에게 구원을 가져다주는 세례를 미리 보여준 것입니다. 세례는 몸에서 더러운 때를 벗기는 것이 아니라 깨끗한 양심으로 살겠다고 하느님께 서약을 하는 것이며 예수 그리스도의 부활로써 이루어지는 것입니다. 베드로의 첫째 편지 3 : 18-21

그리스도의 세례 The baptism of Christ
안드레아 델 베로키오 Andrea del Verrocchio,
레오나르도 다 빈치 Leonardo da Vinci

2) 하느님의 법法

예수께서 사두가이파 사람들의 말문을 막아버리셨다는 소문을 듣고 바리사이파 사람들이 몰려왔다. 그들 중 한 율법교사가 예수의 속을 떠보려고 "선생님, 율법서에서 어느 계명이 가장 큰 계명입니까?" 하고 물었다.

예수께서 이렇게 대답하셨다. "'네 마음을 다하고 목숨을 다하고 뜻을 다하여 주님이신 너희 하느님을 사랑하라.' 이것이 가장 크고 첫째가는 계명이고, '네 이웃을 네 몸같이 사랑하여라.' 한 둘째 계명도 이에 못지않게 중요하다. 이 두 계명이 모든 율법과 예언서의 골자骨子이다." 마태오의 복음서 22 : 34-40

형제 여러분, 여러분은 성령의 지도를 따라 사는 사람이니, 어떤 사람이 잘못을 저질렀을 때 온유한 마음으로 바로잡아주어야 합니다. 그리고 여러분도 유혹에 빠지지 않도록 자신을 살피십시오. 서로 남의 짐을 져주십시오. 그래서 그리스도의 법法을 이루십시오.

사실 아무것도 아닌 사람이 무엇이나 된 것처럼 생각한다면 그는 자기 자신을 속이고 있는 것입니다. 각각 자기가 한 일을 살펴봅시다. 잘한 일이 있다면 그것은 자기 혼자 자랑스럽게 생각할 일이지 남에게까지 자랑할 것은 못 됩니다. 각 사람은 자기 짐을 져야 하기 때문입니다. 갈라디아인들에게 보낸 편지 6 : 1-5

3) 나를 따르라

그때에 비로소 예수께서는 사람의 아들이 반드시 많은 고난을 받고 원로들과 대사제들과 율법학자들에게 버림을 받아, 그들의 손에 죽었다가 사흘 만에 다시 살아나시게 될 것임을 제자들에게 가르쳐주셨다. 예수께서는 이 말씀을 명백하게 하셨던 것이다.

이 말씀을 듣고 베드로는 예수를 붙들고 그래서는 안 된다고 펄쩍 뛰었다. 그러자 예수께서는 돌아서서 제자들을 보신 다음 베드로에게 "사탄아, 물러가라. 하느님의 일은 생각하지 않고 사람의 일만 생각하는구나!" 하시며 꾸짖으셨다.

예수께서 군중과 제자들을 한 자리에 불러놓고 이렇게 말씀하셨다. "나를 따르려는 사람은 누구든지 자기를 버리고 제 십자가를 지고 따라야 한다. 제 목숨을 살리려는 사람은 잃을 것이며, 나 때문에 또 복음 때문에 제 목숨을 잃는 사람은 살릴 것이다."

마르코의 복음서 8 : 31-35

예수께서 동행하던 군중을 향하여 돌아서서 말씀하셨다. "누구든지 나에게 올 때 자기 부모나 처자나 형제자매나 심지어 자기 자신마저 미워하지 않으면 내 제자가 될 수 없다. 그리고 누구든지 자기 십자가를 지고 나를 따라오지 않으면 내 제자가 될 수 없다."

루가의 복음서 14 : 25-27

3. 성령의 열매로서의 윤리적 덕목德目

그리스도교는 성령 안에 거하며, 성령을 따라 살아가는 그리스도인들의 삶 속에 드러나는 윤리적 덕목들을 성령의 열매라고 명명命名한다. 따라서 이러한 열매가 없으면 역逆으로 성령의 사람이 아니라고 주장한다.

아래에서 언급되는 제반 윤리적 덕목은 인간 사회 및 공동체는 물론 전 창조질서를 지탱할 수 있는 근본 토대들인바, 이로써 그리스도교는 현실 사회의 유지維持 및 통합統合 그리고 그의 역사적 완성을 목적하는 종교라 하겠다.

1) 이웃 사랑

율법학자 한 사람이 와서 그들이 토론討論하는 것을 듣고 있다가 예수께서 대답을 잘하시는 것을 보고 "모든 계명 중에 어느 것이 첫째가는 계명입니까?" 하고 물었다.

예수께서는 이렇게 대답하셨다. "첫째가는 계명은 이것이다. '이스라엘아, 들어라. 우리 하느님은 유일한 주님이시다. 네 마음을 다하고 목숨을 다하고 생각을 다하고 힘을 다하여 주님이신 너의 하느님을 사랑하여라.'

또 둘째가는 계명은 '네 이웃을 네 몸같이 사랑하여라.' 한 것이다. 이 두 계명보다 더 큰 계명은 없다."

마르코의 복음서 12 : 28-31

학자들 속의 그리스도 Jesus among the Doctors
파올로 베로네세 Paolo Veronese

남에게 해야 할 의무義務를 다하십시오. 그러나 아무리 해도 다 할 수 없는 의무가 한 가지 있습니다. 그것은 사랑의 의무입니다. 남을 사랑하는 사람은 이미 율법을 완성했습니다.

"간음하지 마라. 살인하지 마라. 도둑질하지 마라. 탐내지 마라." 한 계명이 있고 또 그 밖에도 다른 계명이 많이 있지만 그 모든 계명은 "네 이웃을 네 몸같이 사랑하여라." 한 이 한마디로 요약될 수 있습니다. 이웃을 사랑하는 사람은 이웃에게 해로운 일을 하지 않습니다. 그러므로 사랑한다는 것은 율법을 완성하는 일입니다.

로마인들에게 보낸 편지 13 : 8-10

내가 하느님의 말씀을 받아 전할 수 있다 하더라도,
온갖 신비神秘를 환히 꿰뚫어 보고
모든 지식을 가졌다 하더라도
산을 옮길 만한 완전한 믿음을 가졌다 하더라도,
사랑이 없으면
나는 아무것도 아닙니다.
내가 비록 모든 재산財産을 남에게 나누어준다 하더라도,
또 내가 남을 위하여 불 속에 뛰어든다 하더라도,
사랑이 없으면
모두 아무 소용이 없습니다.
사랑은 오래 참습니다.
사랑은 친절합니다.
사랑은 시기하지 않습니다.
사랑은 자랑하지 않습니다.
사랑은 교만하지 않습니다.
사랑은 무례하지 않습니다.
사랑은 사욕을 품지 않습니다.
사랑은 성을 내지 않습니다.
사랑은 앙심을 품지 않습니다.
사랑은 불의를 보고 기뻐하지 아니하고
진리를 보고 기뻐합니다.
사랑은 모든 것을 덮어주고

모든 것을 믿고
모든 것을 바라고
모든 것을 견디어냅니다.

고린토인들에게 보낸 첫째 편지 13 : 2-7

2) 기쁨(평강平康)

이렇게 우리는 믿음으로 말미암아 하느님과 올바른 관계를 가졌으므로, 우리 주 예수 그리스도를 통해서 하느님과 평화를 누리게 되었습니다. 우리는 그리스도를 믿음으로써 지금의 이 은총을 누리게 되었고 또 하느님의 영광에 참여할 희망을 안고 기뻐하고 있습니다.

그뿐만 아니라 우리는 고통을 당하면서도 기뻐합니다. 고통은 인내를 낳고 인내는 시련을 이겨내는 끈기를 낳고 그러한 끈기는 희망을 낳는다는 것을 우리는 알고 있습니다.

로마인들에게 보낸 편지 5 : 1-4

"너희가 나를 떠나지 않고 또 내 말을 간직해둔다면 무슨 소원이든지 구하는 대로 다 이루어질 것이다. 너희가 많은 열매를 맺고 참으로 나의 제자가 되면 내 아버지께서 영광을 받으실 것이다. 아버지께서 나를 사랑하신 것처럼 나도 너희를 사랑해왔다.

그러니 너희는 언제나 내 사랑 안에 머물러 있어라. 내가 내 아버지의 계명을 지켜 그 사랑 안에 머물러 있듯이 너희도 내 계명을 지키면 내 사랑 안에 머물러 있게 될 것이다.

내가 이 말을 한 것은 내 기쁨을 같이 나누어 너희 마음에 기쁨이 넘치게 하려는 것이다." 요한의 복음서 15 : 7-11

3) 나눔

예수께서 길을 떠나시는데 어떤 사람이 달려와서 그 앞에 무릎을 꿇고 "선善하신 선생님, 제가 무엇을 해야 영원한 생명을 얻겠습니까?" 하고 물었다.

예수께서는 이렇게 대답하셨다. "왜 나를 선하다고 하느냐? 선하신 분은 오직 하느님뿐이시다. '살인하지 마라.' '간음하지 마라.' '도둑질하지 마라.' '거짓 증언하지 마라.' '남을 속이지 마라.' '부모를 공경하여라.' 한 계명들을 너는 알고 있을 것이다." 그 사람이 "선생님, 그 모든 것은 제가 어려서부터 다 지켜왔습니다." 하고 대답하였다.

예수께서는 그를 유심히 바라보시고 대견해 하시며 이렇게 말씀하셨다. "너에게 한 가지 부족한 것이 있다. 가서 가진 것을 다 팔아 가난한 사람들에게 나누어주어라. 그러면 하늘에서 보화를 얻게 될 것이다. 그러니 내가 시키는 대로 하고 나서 나를 따라오너라." 그러나 그 사람은 재산이 많았기 때문에 이 말씀을 듣고 울상이 되어 근심하며 떠나갔다. 마르코의 복음서 10 : 17-22

사도들이 계속해서 놀라운 일과 기적을 많이 나타내 보이자 사람들은 모두 하느님을 두려워하게 되었다. 믿는 사람은 모두 함께 지내며 그들의 모든 것을 공동 소유로 내어놓고 재산과 물건을 팔아서 모든 사람에게 필요한 만큼 나누어주었다.

그리고 한 마음이 되어 날마다 열심히 성전에 모였으며, 집집마다 돌아가며 같이 빵을 나누고, 순수한 마음으로 기쁘게 음식을 함께 먹으며 하느님을 찬양하였다. 이것을 보고 모든 사람이 그들을 우러러보게 되었다. 주께서는 구원받을 사람을 날마다 늘려주셔서 신도信徒의 모임이 커갔다. 사도행전 2 : 43-47

4) 온유溫柔(겸손)

사람들이 어린이들을 예수께 데리고 와서 손을 얹어 축복해주시기를 청하자 제자들이 그들을 나무랐다. 그러나 예수께서는 화를 내시며 "어린이들이 나에게 오는 것을 막지 말고 그대로 두어라. 하느님의 나라는 이런 어린이와 같은 사람들의 것이다. 나는 분명히 말한다. 누구든지 어린이와 같이 순진한 마음으로 하느님 나라를 받아들이지 않으면 결코 거기 들어가지 못할 것이다." 하고 말씀하셨다. 마르코의 복음서 10 : 13-15

예수께서는 제자들의 발을 씻고 나서 겉옷을 입고 다시 식탁에 돌아와 앉으신 다음 제자들에게 이렇게 말씀하셨다. "내가 왜 지금 너희의 발을 씻어주었는지 알겠느냐? 너희는 나를 스승 또는 주主라고 부른다. 그것은 사실이니 그렇게 부르는 것이 옳다. 그런데 스승이며 주인 내가 너희의 발을 씻어주었으니, 너희도 서로 발을 씻어주어야 한다. 내가 너희에게 한 일을 너희도 그대로 하라고 본本을 보여준 것이다.

정말 잘 들어 두어라. 종이 주인보다 더 나을 수 없고 파견된 사람이 파견한 사람보다 더 나을 수는 없다. 이제 너희는 이것을 알았으니 그대로 실천하면 복을 받을 것이다."

요한의 복음서 13 : 12-17

5) 용서容恕(원수사랑)

"'네 이웃을 사랑하고 원수를 미워하여라.' 하신 말씀을 너희는 들었다. 그러나 나는 이렇게 말한다. 원수를 사랑하고 너희를 박해하는 사람들을 위하여 기도하여라. 그래야만 너희는 하늘에 계신 아버지의 아들이 될 것이다. 아버지께서는 악한 사람에게나 선한 사람에게나 똑같이 햇빛을 주시고 옳은 사람에게나 옳지 못한 사람에게나 똑같이 비를 내려주신다." 마태오의 복음서 5 : 43-45

그때에 베드로가 예수께 와서 "주님, 제 형제가 저에게 잘못을 저지르면 몇 번이나 용서해주어야 합니까? 일곱 번이면 되겠습니까?" 하고 묻자 예수께서는 이렇게 대답하셨다. "일곱 번뿐 아니라 일곱 번씩 일흔 번이라도 용서하여라." 마태오의 복음서 18 : 21, 22

6) 절제節制(자족自足)

물론 자기가 갖고 있는 것으로 만족할 줄 아는 사람에게는 종교가 크게 유익합니다. 우리는 아무것도 세상에 가지고 온 것이 없으며 아무것도 가지고 갈 수 없습니다. 먹을 것과 입을 것이 있으면 그것으로 만족하시오. 부자가 되려고 애쓰는 사람은 유혹에 빠지고 올가미에 걸리고, 어리석고도 해로운 온갖 욕심에 사로잡혀서 파멸의 구렁텅이에 떨어지게 됩니다.

돈을 사랑하는 것이 모든 악惡의 뿌리입니다. 돈을 따라다니다가 길을 잃고 신앙을 떠나서 결국 격심한 고통을 겪은 사람들도 있습니다. 디모테오에게 보낸 첫째 편지 6 : 6-10

나에 대하여 여러분의 관심을 표시할 기회가 오래간만에 다시 여러분에게 생긴 것을 보고, 나는 주님을 믿는 사람으로서 매우 기뻐합니다. 사실 여러분은 언제나 나를 생각하고 있었지만 그것을 표시할 기회가 없었던 것입니다. 내 처지가 어려워서 이런 말을 하는 것은 아닙니다.

나는 어떤 처지에서도 자족하는 법을 배웠습니다. 비천하게 살 줄도 알며 풍족하게 살 줄도 압니다. 배부르거나 배고프거나 넉넉하거나 궁핍하거나 그 어떤 경우에도 적응할 수 있는 비결을 알고 있습니다. 나에게 능력을 주시는 분에게 힘입어 나는 무슨 일이든지 할 수 있습니다. 필립비인들에게 보낸 편지 4 : 10-13

7) 성결聖潔

"'간음하지 마라.' 하신 말씀을 너희는 들었다. 그러나 나는 너희에게 이렇게 말한다. 누구든지 여자를 보고 음란한 생각을 품는 사람은 벌써 마음으로 그 여자를 범했다. 오른쪽 눈이 죄를 짓게 하거든 그 눈을 빼어 던져버려라. 몸의 한 부분을 잃는 것이 온몸이 지옥에 던져지는 것보다 낫다. 또 오른손이 죄를 짓게 하거든 그 손을 찍어 던져버려라. 몸의 한 부분을 잃는 것이 온몸이 지옥에 던져지는 것보다 낫다." 마태오의 복음서 5 : 27-30

그리스도께서 육체의 고통을 받으셨으니 여러분도 같은 각오로 정신을 무장하십시오. 육체의 고통을 받은 사람은 이미 죄와는 인연이 없습니다. 그러니 이제 여러분은 지상의 남은 생애를 인간의 욕정을 따라 살지 말고 하느님의 뜻을 따라 살아야 합니다.

베드로의 첫째 편지 4 : 1, 2

8) 자선慈善

자선을 베풀 때에는 위선자들이 칭찬을 받으려고 회당과 거리에서 하듯이 스스로 나팔을 불지 마라. 나는 분명히 말한다. 그들은 이미 받을 상을 다 받았다. 자선을 베풀 때에는 오른손이 하는 일을 왼손이 모르게 하여 그 자선을 숨겨두어라. 그러면 숨은 일도 보시는 네 아버지께서 갚아주실 것이다. 마태오의 복음서 6 : 2-4

"'너희는 내가 굶주렸을 때에 먹을 것을 주었고 목말랐을 때에 마실 것을 주었으며 나그네 되었을 때에 따뜻하게 맞이하였다. 또 헐벗었을 때에 입을 것을 주었으며 병들었을 때에 돌보아주었고 감옥에 갇혔을 때에 찾아주었다.'

이 말을 듣고 의인들은 이렇게 말할 것이다. '주님, 저희가 언제 주님께서 주리신 것을 보고 잡수실 것을 드렸으며, 목마르신 것을 보고 마실 것을 드렸습니까? 또 언제 주님께서 나그네 되신 것을 보고 따뜻이 맞아들였으며, 헐벗으신 것을 보고 입을 것을 드렸으며, 언제 주님께서 병드셨거나 감옥에 갇히신 것을 보고 저희가 찾아가 뵈었습니까?'

그러면 임금은 '분명히 말한다. 너희가 여기 있는 형제 중에 가장 보잘것없는 사람 하나에게 해준 것이 바로 나에게 해준 것이다.' 하고 말할 것이다."

"그리고 왼편에 있는 사람들에게는 이렇게 말할 것이다. '이 저주받은 자들아, 나에게서 떠나 악마와 그의 졸도들을 가두려고 준비한 영원한 불 속에 들어가라. 너희는 내가 주렸을 때에 먹을 것을 주지 않았고, 목말랐을 때에 마실 것을 주지 않았으며, 나그네 되었을 때에 따뜻하게 맞이하지 않았고, 헐벗었을 때에 입을 것을 주지 않았으며, 또 병들었을 때나 감옥에 갇혔을 때에 돌보아주지 않았다.'

이 말을 듣고 그들도 이렇게 대답할 것이다. '주님, 주님께서 언제 굶주리고 목마르셨으며, 언제 나그네 되시고 헐벗으셨으며, 또

언제 병드시고 감옥에 갇히셨기에, 저희가 모른 체하고 돌보아드리지 않았다는 말씀입니까?'

그러면 임금은 '똑똑히 들어라. 여기 있는 형제들 중에 가장 보잘것없는 사람 하나에게 해주지 않은 것이 곧 나에게 해주지 않은 것이다.' 하고 말할 것이다. 이리하여 그들은 영원히 벌 받는 곳으로 쫓겨날 것이며, 의인들은 영원한 생명의 나라로 들어갈 것이다."

마태오의 복음서 25 : 35-46

9) 자유自由와 책임責任

어떤 율법교사가 일어서서 예수의 속을 떠보려고 "선생님, 제가 무슨 일을 해야 영원한 생명을 얻을 수 있겠습니까?" 하고 물었다. 예수께서는 "율법서에 무엇이라고 적혀 있으며 너는 그것을 어떻게 읽었느냐?" 하고 반문하셨다.

"'네 마음을 다하고 네 목숨을 다하고 네 힘을 다하고 네 생각을 다하여 주님이신 네 하느님을 사랑하여라. 그리고 네 이웃을 네 몸같이 사랑하여라.' 하였습니다." 이 대답에 예수께서는 "옳은 대답이다. 그대로 실천하여라. 그러면 살 수 있다." 하고 말씀하셨다.

루가의 복음서 10 : 25-28

"남을 판단判斷하지 마라. 그러면 너희도 판단받지 않을 것이다. 남을 판단하는 대로 너희도 하느님의 심판을 받을 것이고, 남을 저울질하는 대로 너희도 저울질을 당할 것이다. 어찌하여 너는 형제의 눈 속에 있는 티는 보면서 제 눈 속에 들어 있는 들보는 깨닫지 못하느냐? 제 눈 속에 있는 들보도 보지 못하면서 어떻게 형제에게 '네 눈의 티를 빼내어 주겠다.' 하겠느냐? 이 위선자야! 먼저 네 눈에서 들보를 빼내어라. 그래야 눈이 잘 보여 형제의 눈에서 티를 빼낼 수 있지 않겠느냐?" 마태오의 복음서 7 : 1-5

10) 근면勤勉과 인내忍耐

게으른 자는 개미에게 가서
그 사는 모습을 보고 지혜를 깨쳐라.
개미는 우두머리도 없고
지휘관이나 감독관이 없어도,
여름 동안 양식을 장만하고
추수철에 먹이를 모아들인다.
그런데 너 게으른 자야, 언제까지 잠만 자겠느냐?
언제 잠에서 깨어 일어나겠느냐?
"조금만 더 자야지, 조금만 더 눈을 붙여야지,
조금만 더 일손을 쉬어야지!" 하겠느냐?
그러면 가난이 부랑배처럼 들이닥치고
빈곤이 거지처럼 달려든다. 잠언 6 : 6-11

하느님과 주 예수 그리스도의 종 야고보는 사방에 흩어져 사는 이스라엘 열두 지파에게 문안問安드립니다.

내 형제 여러분, 여러 가지 시련을 당할 때 여러분은 그것을 다시없는 기쁨으로 여기십시오. 믿음의 시련을 받으면 인내력이 생긴다는 것을 여러분은 잘 알고 있습니다. 인내력을 한껏 발휘하십시오. 그러면 여러분은 조금도 흠잡을 데 없이 완전하고도 원만한 사람이 될 것입니다.

야고보의 편지 1 : 1-4

제8장

사회윤리와 이상적 사회

산상수훈山上垂訓 The Sermon on the Mount
코시모 로셀리 Cosimo Rosselli,
피에로 디 코시모 Piero di Cosimo

그리스도교는 본래 하느님 나라를 대망待望하는 종교이다. ≪구약성서≫ 시대로부터 이스라엘 민족은 하느님의 법의 세계와 현실세계간의 갈등과 모순을 경험해왔다. 다윗, 솔로몬에 의한 왕권 지배 이데올로기가 하느님 신앙을 위협할 때, 예언자들은 지상의 왕국이 아닌 하느님 통치가 이루어질 메시아 왕국을 소망했으며, 후기 유다교 묵시문학默示文學에서는 역사 초월적인 인자人子의 도래를 기대하였던바, 바로 이것이 하느님 나라의 다가옴을 선포했던 예수의 중심사상을 이루었던 것이다.

이런 경과 속에서 하느님 나라 지평 역시 확장되어 이스라엘 민족공동체 내의 평화만이 아니라, 전 민족, 그리고 우주 만물 내의 하느님 평화가 선포될 수 있었다. 이처럼 그리스도교는 처음부터 이스라엘 민족 공동체를 염려했으며, 더 나아가 지상의 세계 속에 하느님의 통치가 세워질 것을 선포해왔다. 즉 모세를 통한 십계명의 주어짐, 희년법禧年法을 제정하여 인간 공동체 및 우주 만물의 본래적 본성을 회복하려 했던 것, 그리고 예수의 산상수훈山上垂訓의 가르침도 모두 전 자연을 포함한 인간 공동체의 바른 재건再建을 위함이었다.

구원 공동체로서의 신앙인의 모임인 교회 역시 그 존재 목적을 하느님의 사랑을 증거하여 세계 속에 하느님 지배를 구체화시키려는 데 있는 것이지, 구원의 방주方舟로서 자족自足적인 종교집단으로 전락하는 데 있지 않다. 이런 차원에서 그리스도교는 하느님의 평화 실현을 위한 사회 윤리적 덕목들을 말하고 있는데, 이런 덕목들은 하느님의 본질 그 자체이자 인간이 대망하는 하느님 나라의 핵심 이념에 상응하는 것으로서, 변화된 그리스도인들에게 요구되고 있다.

세계 내의 빛과 소금으로 존재하라는 그리스도의 제자됨, 약자들에 대한 배려를 중심내용으로 하는 그리스도교적인 정의, 직업·신분·남녀·민족간의 구별을 무화無化시키는 그리스도교의 평등과 관용, 하느님의 의義를 위한 자발적 고난, 물질에 대한 바른 사용법을 가르치는 그리스도교적 경제윤리, 하나밖에 없는 하느님의 생명공간을 지켜내기 위한 청지기 의식, 부자관계·부부관계 및 남녀관계의 바른 모델을 제시하는 ≪성서≫의 가족윤리와 성윤리 등은 분명 이상적 인간사회를 이루기 위한 그리스도교적 몸부림이라 할 것이다.

1. 하느님 나라와 평화平和

그리스도교는 하느님의 정의가 지배하는 평화의 왕국, 곧 하느님 나라가 이 땅에 이루어지기를 위해 노력하는 종교이다. 일반적으로 그리스도교를 피안彼岸의 종교로 인식하고 있는데, 실상은 하느님 나라의 현존現存을 바라고 그것을 실현시키려는 역사적 종교인 것이다. 그리스도교는 하느님 나라가 실현된다는 이러한 믿음을 종말론 혹은 새로운 창조란 말로써 언표하고 있다.

1) 하느님, 평화(샬롬)의 주主

너희가 만일 내가 정해준 규정들을 따르고, 내가 지시한 계명들을 지켜 그대로 하면 내가 너희에게 제때에 비를 내려주리니, 땅은 소출所出을 내고 들의 나무들은 열매를 맺을 것이다. 너희는 타작이 끝나면 포도를 따고 포도를 따고 나면 씨앗을 심게 될 것이다. 그래서 너희는 마음껏 먹으며 너희 땅에서 안심하고 살게 되리라. 내가 그 땅에 평화平和를 주리니, 너희는 다리를 뻗고 잘 수 있으리라. 나는 맹수를 너희 땅에서 몰아 낼 것이며 칼싸움이 너희의 땅을 휩쓸지 못하게 하리라. 레위기 26 : 3-6

야훼여, 당신의 사랑을 보여주소서.
당신의 구원을 우리에게 내리소서.
나는 듣나니, 야훼께서 무슨 말씀하셨는가?
하느님께서 하신 말씀 그것은 분명히 평화,
당신 백성과 당신을 따르는 자들,
또다시 망령된 데로 돌아가지 않으면
그들에게 주시는 평화로다.
당신을 경외하는 자에게는 구원이 정녕 가까우니
그의 영광이 우리 땅에 깃들이시리라.
사랑과 진실이 눈을 맞추고
정의正義와 평화가 입을 맞추리라.
땅에서는 진실이 돋아 나오고

하늘에선 정의가 굽어보리라.
야훼께서 복을 내리시리니
우리 땅이 열매를 맺어주리라.
정의가 당신 앞을 걸어 나가고,
평화가 그 발자취를 따라가리라. 시편 85 : 7-13

2) 종말론적 기대로서의 평화

나 만군의 야훼가 말한다.
그날이 오면 내가 야곱의 어깨에서
멍에를 벗겨 부수고 사슬을 끊어버리리라.
그러면 남의 종從노릇을 하지 않고
나 야훼를 저희 하느님으로 섬기며
내가 세워줄 다윗 왕을 임금으로 섬기리라.
야곱의 후손들아,
너희는 내 종이니, 두려워하지 마라.
내가 똑똑히 일러둔다.
이스라엘 백성아, 너희는 무서워 떨지 마라.
나 이제 너희를 먼 나라에서 구해내리라.
포로로 잡혀갔던 나라에서 너의 후손을 구해내리라.
그제야 야곱의 후손은 고향에 돌아와 평안히 살며
아무 위협도 받지 않고 안정된 생활을 누릴 것이다.
내가 너의 곁에 있어, 너를 구해주리라.

이는 내 말이라, 어김이 없다.
내가 너희를 흩뜨려 뭇 민족 가운데 끼여 살게 하였지만
그 민족들을 모두 멸하여 버릴 때,
너희만은 멸하지 않으리라.
나는 너희가 죄 없다고 하지 않는다.
그래서 법法대로 벌하였다. 예레미야 30 : 8-11

나는 그들과 평화의 계약을 맺으리라. 그 땅에서 맹수를 없애리니 사막에서도 안심하고 살 수 있고 숲에서도 편히 잠들 수 있으리라. 내가 제때에 내려주는 가랑비, 때맞게 내려주는 소나기가 복福을 실어다 주는 비가 되리라. 들에 서 있는 나무가 열매를 맺고 땅이 소출을 내면, 그들은 제 농토를 떠나지 않고 안심하고 지낼 것이다. 메었던 멍에를 부수고 부리던 자의 손에서 구해내주면, 그제야 그들이 내가 야훼임을 알게 될 것이다.

다시는 이민족들에게 노략질당하지 아니하고 야수에게 잡아먹히는 일도 없을 것이다. 아무 위협도 받지 않고 안심하고 살 수 있을 것이다. 내가 농사가 잘되게 해주어 다시는 굶주려 죽는 자가 없고 이민족들에게 수치를 겪는 일도 없을 것이다.

그제야 사람들은 나 야훼가 이스라엘의 하느님이요 그들이 나의 백성임을 알게 되리라. 주 야훼가 하는 말이다. 너희는 나의 양떼, 내가 기르는 양 무리요 나는 너희의 하느님이다. 주 야훼가 하는 말이다. 에제키엘 34 : 25-31

3) 그리스도 안에 있는 평화

이렇게 우리는 믿음으로 말미암아 하느님과의 올바른 관계를 가졌으므로, 우리 주 예수 그리스도를 통해서 하느님과 평화를 누리게 되었습니다. 우리는 그리스도를 믿음으로써 지금의 이 은총을 누리게 되었고, 또 하느님의 영광에 참여할 희망을 안고 기뻐하고 있습니다.

그뿐만 아니라 우리는 고통을 당하면서도 기뻐합니다. 고통은 인내를 낳고 인내는 시련을 이겨내는 끈기를 낳고, 그러한 끈기는 희망을 낳는다는 것을 우리는 알고 있습니다.

로마인들에게 보낸 편지 5 : 1-4

이렇게 여러분이 전에는 하느님과 멀리 떨어져 있었지만, 이제는 그리스도께서 피를 흘리심으로써, 그리스도 예수로 말미암아 하느님과 가까워졌습니다. 그리스도야말로 우리의 평화이십니다.

그분은 자신의 몸을 바쳐서 유다인과 이방인이 서로 원수가 되어 갈리게 했던 담을 헐어버리시고, 그들을 화해和解시켜 하나로 만드시고 율법律法 조문과 규정을 모두 폐지하셨습니다. 그리스도께서는 자신을 희생하여 유다인과 이방인을 하나의 새 민족으로 만들어 평화를 이룩하시고, 또 십자가에서 죽으심으로써 둘을 한 몸으로 만드셔서 하느님과 화해시키시고, 원수되었던 모든 요소를 없이하셨습니다.

이렇게 그리스도께서는 세상에 오셔서, 하느님과 멀리 떨어져 있던 여러분에게나 가까이 있던 유다인들에게나, 다 같이 평화의 기쁜 소식을 전해주셨습니다. 그래서 이방인 여러분과 우리 유다인들은, 모두 그리스도로 말미암아 같은 성령을 받아 아버지께로 가까이 나아가게 되었습니다. 에페소인들에게 보낸 편지 2 : 13-18

2. 하느님의 구원救援과 희년禧年 공동체

그리스도교의 구원론救援論은 본질적으로 공동체적이다. 한 개인이 속해 있는 사회, 곧 공동체가 바르게 되지 않고서는 개인의 삶이 올바르게 될 수 없다는 것이 그리스도교 구원관의 기본 전제이다. 이로부터 그리스도교는 모두가 더불어 평화롭게 살기 위한 윤리적 강령綱領을 많이 선포해왔다. ≪구약성서≫의 희년법 사상이 그렇고 ≪신약성서≫에 기록된 예수의 산상수훈山上垂訓이 대표적 경우이다.

1) 구원의 공동체적 의미

안식일을 기억하여 거룩하게 지켜라. 엿새 동안 힘써 네 모든 생업生業에 종사하고 이렛날은 너희 하느님 야훼 앞에서 쉬어라. 그날 너희는 어떤 생업에도 종사하지 못한다. 너희와 너희 아들딸, 남종 여종뿐 아니라 가축이나 집 안에 머무는 식객食客이라도 일을 하지 못한다.

야훼께서 엿새 동안 하늘과 땅과 바다와 그 안에 있는 모든 것을 만드시고, 이레째 되는 날 쉬셨기 때문이다. 그래서 야훼께서 안식일에 복을 내리시고 거룩한 날로 삼으신 것이다.

너희는 부모를 공경恭敬하여라. 그래야 너희는 너희 하느님 야훼께서 주신 땅에서 오래 살 것이다.

살인하지 못한다.

간음하지 못한다.

도둑질하지 못한다.

이웃에게 불리한 거짓 증언을 못한다.

네 이웃의 집을 탐내지 못한다.

네 이웃의 아내나 남종이나 여종이나 소나 나귀 할 것 없이, 네 이웃의 소유는 무엇이든지 탐내지 못한다." 출애굽기 20 : 8-17

2) 희년법의 사회윤리

너희는 또 일곱 해를 일곱 번 해서, 안식년을 일곱 번 세어라. 이렇게 안식년安息日을 일곱 번 맞아 49년이 지나서 일곱째 달이 되거든 그달 10일에 나팔 소리를 크게 울려라. 죄 벗는 이날 너희는 나팔을 불어 온 땅에 울려 퍼지게 하여라.

50년이 되는 이해를 너희는 거룩한 해로 정하고 너희 땅에 사는 모든 사람에게 해방을 선포하여라. 이해는 너희가 희년으로 지킬 해이다. 저마다 제 소유지를 찾아 자기 지파에게로 돌아가야 한다. 50년이 되는 해는 너희가 희년으로 지낼 해이니, 씨를 심지도 말고, 절로 자란 것을 거두지도 말며, 순筍을 치지 않고 내버려 두었는데 절로 열린 포도송이를 따지도 마라.

이해가 희년이니, 이해를 거룩하게 지내야 한다. 너희는 밭에서 난 소출을 먹고 지낼 수 있을 것이다. 이 희년에 너희는 저마다 자기 소유지로 돌아가야 한다.

네가 동족에게 무엇을 팔거나 동족에게서 무엇을 사는 경우에, 이웃끼리 서로 억울하게 하지 마라. 너는 동족에게서 사들일 때에 희년이 몇 해가 지났는지 따져보아라. 파는 사람은 소출을 거둘 햇수를 따져서 값을 매겨라. 소출을 거둘 햇수를 따라 사고 팔아야 하기 때문에, 그 햇수가 많으면 값을 많이 치르고, 햇수가 적으면 값을 적게 치러야 한다. 너희는 동족同族끼리 서로 억울하게 하지 마라. 너희는 하느님 두려운 줄을 알아야 한다. 나 야훼가 너희의 하느님이다. 레위기 25 : 8-17

아, 너희가 비참하게 되리라.
집을 연달아 차지하고 땅을 차례로 사들이는 자들아!
빈터 하나 남기지 않고 온 세상을 혼자 살듯이 차지하는 자들아!
만군의 야훼께서 내 귀에 대고 맹세하신다.
"많은 집들이 흉가가 되어
제아무리 크고 좋아도 인기척이 없게 되리라.
포도밭 열흘갈이에서 술 한 항아리밖에 나지 아니하고
종자種子 한 섬에서 곡식 한 독이 가까스로 나리라."

아, 너희가 비참하게 되리라.
새벽부터 독한 술을 찾아나서고
밤늦게까지 술독에 빠져 있는 자들아!
수금과 거문고, 소고와 피리 소리 들으며 술이나 마시고
야훼께서 하시는 일에는 관심도 없으며
그가 손수 이루시는 일은 아랑곳도 하지 않는 자들아!

이사야 5 : 8-12

3) 산상수훈山上垂訓의 윤리성

예수께서 무리를 보시고 산에 올라가 앉으시자 제자들이 곁으로 다가왔다. 예수께서는 비로소 입을 열어 이렇게 가르치셨다.

"마음이 가난한 사람은
행복하다.
하늘나라가 그들의 것이다.
슬퍼하는 사람은
행복하다.
그들은 위로를 받을 것이다.
온유한 사람은
행복하다.
그들은 땅을 차지할 것이다.
옳은 일에 주리고 목마른 사람은
행복하다.

그들은 만족할 것이다.
자비를 베푸는 사람은
행복하다.
그들은 자비를 입을 것이다.
마음이 깨끗한 사람은
행복하다.
그들은 하느님을 뵙게 될 것이다.
평화를 위하여 일하는 사람은
행복하다.
그들은 하느님의 아들이 될 것이다.
옳은 일을 하다가 박해를 받는 사람은
행복하다.
하늘나라가 그들의 것이다.

산상수훈山上垂訓 The Sermon on the Mount
코시모 로셀리 Cosimo Rosselli, 피에로 디 코시모 Piero di Cosimo

나 때문에 모욕을 당하고 박해를 받으며 터무니없는 말로 갖은 비난을 다 받게 되면 너희는 행복하다. 기뻐하고 즐거워하여라. 너희가 받을 큰 상賞이 하늘에 마련되어 있다. 옛 예언자들도 너희에 앞서 같은 박해를 받았다."

마태오의 복음서 5 : 1-12

"'살인하지 마라. 살인하는 자는 누구든지 재판을 받아야 한다.' 하고 옛 사람들에게 하신 말씀을 너희는 들었다. 그러나 나는 이렇게 말한다. 자기 형제에게 성을 내는 사람은 누구나 재판을 받아야 하며, 자기 형제를 가리켜 바보라고 욕하는 사람은 중앙 법정에 넘겨질 것이다. 또 자기 형제더러 미친놈이라고 하는 사람은 불붙는 지옥에 던져질 것이다.

그러므로 제단에 예물禮物을 드리려 할 때에 너에게 원한을 품고 있는 형제가 생각나거든, 그 예물을 제단 앞에 두고 먼저 그를 찾아가 화해하고 나서 돌아와 예물을 드려라. 누가 너를 고소하여 그와 함께 법정으로 갈 때에는 도중에서 얼른 화해하여라. 그렇지 않으면 고소하는 사람이 너를 재판관에게 넘기고, 재판관은 형리에게 내주어 감옥에 가둘 것이다. 분명히 말해둔다. 네가 마지막 한 푼까지 다 갚기 전에는 결코 거기에서 풀려 나오지 못할 것이다."

마태오의 복음서 5 : 21-26

3. 하느님의 평화 실현을 위한 사회윤리적 덕목들

역사적 종교로서의 그리스도교는 현실 역사를 변화, 개혁하여 하느님의 뜻이 이 땅 위에 실현되기를 노력해왔다. 이 일을 위해 그리스도교는 무엇보다 기독교 신앙의 표준이 되는 예수의 삶을 따르는 일을 중시한다.

세상의 빛과 소금이 되고자 그리스도교인들은 의義를 위해 자발적으로 고난받으며, 섬기며, 화합하고, 일치를 위해 노력하는 삶을 사는 것이다. 노동을 신성하게 여기며 많은 것을 소유하는 것보다는 함께 나누어 갖는 덕목德目을 가르치고, 사회 공동체의 기초로서 가정의 신성神聖함을 강조한다.

1) 제자직弟子職 : 세상의 빛과 소금

"너희는 세상의 소금이다. 만일 소금이 짠 맛을 잃으면 무엇으로 다시 짜게 만들겠느냐? 그런 소금은 아무 데에도 쓸데없어 밖에 내버려져 사람들에게 짓밟힐 따름이다.

너희는 세상의 빛이다. 산 위에 있는 마을은 드러나게 마련이다. 등불을 켜서 됫박으로 덮어두는 사람은 없다. 누구나 등경燈檠위에 얹어둔다. 그래야 집 안에 있는 사람들을 다 밝게 비출 수 있지 않겠느냐? 너희도 이와 같이 너희의 빛을 사람들 앞에 비추어, 그들이 너희의 착한 행실을 보고 하늘에 계신 아버지를 찬양하게 하여라."

마태오의 복음서 5 : 13-16

형제 여러분, 하느님께서는 자유自由를 주시려고 여러분을 부르셨습니다. 그러나 그 자유를 여러분의 육정을 만족시키는 기회로 삼지 마십시오. 오히려 여러분은 사랑으로 서로 종從이 되십시오. 모든 율법은 "네 이웃을 네 몸같이 사랑하여라." 하신 한마디 말씀으로 요약됩니다. 그러나 여러분이 서로 물어뜯고 삼키고 하면 피차 멸망할 터이니 조심하십시오.

갈라디아인들에게 보낸 편지 5 : 13-15

2) 정의正義 : 약자에 대한 배려

같이 앉았던 사람 중의 한 사람이 이 말씀을 듣고 "하느님 나라에서 잔치 자리에 앉을 사람은 참으로 행복하겠습니다." 하고 말하자 예수께서 이렇게 말씀하셨다.

"어떤 사람이 큰 잔치를 준비하고 많은 사람들을 초대하였다. 잔치 시간이 되자 초대받은 사람들에게 자기 종을 보내어 준비가 다 되었으니 어서 오라고 전하였다. 그러나 초대받은 사람들은 한결같이 못 간다는 핑계를 대었다. 첫째 사람은 '내가 밭을 샀으니 거기 가봐야 하겠소. 미안하오.' 하였고, 둘째 사람은 '나는 겨릿소 다섯 쌍을 샀는데 그것들을 부려보러 가는 길이오. 미안하오.' 하였으며 또 한 사람은 '내가 지금 막 장가들었는데 어떻게 갈 수가 있겠소?' 하고 말하였다. 심부름 갔던 종이 돌아와서 주인에게 그대로 전하였다.

집주인은 대단히 노하여 그 종더러 '어서 동네로 가서 한길과 골목을 다니며 가난한 사람, 불구자, 소경, 절름발이들을 이리로 데려오너라.' 하고 명령하였다. 얼마 뒤에 종이 돌아와서 '주인님, 분부하신 대로 다했습니다. 그러나 아직도 자리가 남았습니다.' 하고 말하니 주인은 다시 종에게 이렇게 일렀다.

'그러면 어서 나가서 길거리나 울타리 곁에 서 있는 사람들을 억지로라도 데려다가 내 집을 채우도록 하여라. 잘 들어라. 처음에 초대받았던 사람들 중에는 내 잔치에 참여할 사람이 하나도 없을 것이다.'"

루가의 복음서 14 : 15-24

너희 땅의 수확을 거두어들일 때, 밭에서 모조리 거두어들이지 마라. 거두고 남은 이삭을 줍지 마라. 너희 포도를 속속들이 뒤져 따지 말고 따고 남은 과일을 거두지 말며, 가난한 자와 몸 붙여 사는 외국인이 따 먹도록 남겨놓아라. 나 야훼가 너희 하느님이다.

레위기 19 : 9, 10

3) 평등平等, 관용寬容

여러분은 모두 믿음으로 그리스도 예수와 함께 삶으로써 하느님의 자녀가 되었습니다. 세례를 받아서 그리스도 안으로 들어간 여러분은 모두 그리스도를 옷 입듯이 입었습니다. 유다인이나 그리스인이나 종이나 자유인이나 남자나 여자나 아무런 차별이 없습니다. 그리스도 예수 안에서 여러분은 모두 한 몸을 이루었기 때문입니다. 갈라디아인들에게 보낸 편지 3 : 26-28

여러분도 전에 이런 욕망에 빠져 살 때에는 그런 행동을 하고 있었습니다. 그러나 지금은 분노와 격분과 악의와 비방과 또 입에서 나오는 수치스러운 말 따위는 모두 버려야 합니다. 그리고 거짓말로 서로 속이지 마십시오. 여러분은 옛 생활을 청산하여 낡은 인간을 벗어버렸고 새 인간으로 갈아입었기 때문입니다. 새 인간은 자기 창조주의 형상을 따라 끊임없이 새로워지면서 참된 지식知識을 가지게 됩니다.

여기에는 그리스인과 유다인, 할례 받은 사람과 받지 않은 사람, 타국인, 야만인, 노예, 자유인 따위의 구별이 없습니다. 오직 그리스도만이 전부로서 모든 사람 위에 군림하십니다.

골로사이인들에게 보낸 편지 3 : 7-11

4) 섬김(봉사奉仕)

"너희는 남에게서 바라는 대로 남에게 해주어라. 이것이 율법律法과 예언서의 정신이다." 마태오의 복음서 7 : 12

예수께서 베다니아에 있는 나병 환자 시몬의 집에 계실 때의 일이다. 마침 예수께서 음식을 잡수시고 계셨는데 어떤 여자가 매우 값진 순 나르드 향유香油가 든 옥합을 가지고 와서 그것을 깨뜨리고 향유를 예수의 머리에 부었다. 그러자 거기 같이 있던 몇 사람이 매우 분개하여 "왜 향유를 이렇게 낭비하는가? 이것을 팔면 300데나리온도 더 받을 것이고 그 돈을 가난한 사람들에게 나누어줄 수 있을 터인데!" 하고 투덜거리면서 그 여자를 나무랐다.

바리새인 시몬의 집에서의 예수
Christ at Simon the Pharisee(그리스도께 향유를 부은 여인)
페테르 파울 루벤스 Peter Paul Rubens

그러자 예수께서는 "참견하지 마라. 이 여자는 나에게 갸륵한 일을 했는데 왜 괴롭히느냐? 가난한 사람들은 언제나 너희 곁에 있으니 도우려고만 하면 언제든지 도울 수가 있다. 그러나 나는 언제까지나 너희와 함께 있지는 않을 것이다. 이 여자는 내 장례를 위하여 미리 내 몸에 향유를 부은 것이니, 자기가 할 수 있는 일을 다 한 것이다.

나는 분명히 말한다. 온 세상 어디든지 복음福音이 전해지는 곳마다 이 여자가 한 일도 알려져서 사람들이 기억하게 될 것이다." 하고 말씀하셨다. 마르코의 복음서 14 : 3-9

5) 평화 : 반전운동反戰運動

뒷날, 야훼의 성전聖殿이 서 있는 산이 우뚝 솟아
언덕들을 굽어보게 되는 날,
높이 치솟아 멧부리들을 눈 아래 두는 날이 오면,
만민萬民이 물밀듯 밀려오리라.
모든 민족이 몰려와 말하리라.
"어서,
야훼의 산으로 올라가자!
야곱을 뽑으신 하느님의 성전으로!
거기서 어떤 길을 가리켜주시든
우리 모두 그 길을 따르자!"
그렇다. 야훼의 가르침은 시온에서 나온다.
야훼의 말씀은 예루살렘에서 들려온다.
하느님께서 민족 사이의 분쟁을 판가름해주시고
강대국 사이의 시비是非를 가려주시리라.
그리되면 나라마다 칼을 쳐서 보습을 만들고

창을 쳐서 낫을 만들리라.
나라와 나라 사이에 칼을 빼어드는 일이 없어
다시는 군사를 훈련하지 아니하리라. 미가 4 : 1-3

그가 민족 간의 분쟁을 심판하시고
나라 사이의 분규를 조정하시리니,
나라마다 칼을 쳐서 보습을 만들고
창을 쳐서 낫을 만들리라.
민족들은 칼을 들고 서로 싸우지 않을 것이며
다시는 군사 훈련도 하지 아니하리라. 이사야 2 : 4

6) 코이노니아 : 성도聖徒들 간의 사귐

그 많은 신도들이 다 한마음 한뜻이 되어 아무도 자기 소유所有를 자기 것이라고 하지 않고 모든 것을 공동共同으로 사용하였다. 사도들은 놀라운 기적을 나타내며 주 예수의 부활을 증언하였고, 신도들은 모두 하느님의 크신 축복을 받았다. 그들 가운데 가난한 사람은 하나도 없었다. 땅이나 집을 가진 사람들이 그것을 팔아서 그 돈을 사도들 앞에 가져다 놓고, 저마다 쓸 만큼 나누어받았기 때문이다. 사도행전 4 : 32-35

몸은 하나이지만 많은 지체肢體를 가지고 있고 몸에 딸린 지체는 많지만 그 모두가 한 몸을 이루는 것처럼, 그리스도의 몸도 그러합니다. 유다인이든 그리스인이든 종이든 자유인이든, 우리는 모두 한 성령으로 세례를 받아 한 몸이 되었고 같은 성령聖靈을 받아 마셨습니다.

몸은 한 지체로 된 것이 아니라 많은 지체로 되어 있습니다. 발이 "나는 손이 아니니까 몸에 딸리지 않았다." 하고 말한다 해서 발이 몸의 한 부분이 아니겠습니까? 또 귀가 "나는 눈이 아니니까 몸에 딸리지 않았다." 하고 말한다 해서 귀가 몸의 한 부분이 아니겠습니까?

만일 온몸이 다 눈이라면 어떻게 들을 수 있겠습니까? 또 온몸이 다 귀라면 어떻게 냄새를 맡을 수 있겠습니까? 그래서 하느님께서는 당신의 뜻대로 각각 다른 기능을 가진 여러 지체를 우리의 몸에 두셨습니다. 모든 지체가 다 같은 것이라면 어떻게 몸을 이룰 수 있겠습니까? 그래서 한 몸에 많은 지체가 있는 것입니다.

눈이 손더러 "너는 나에게 소용이 없다." 하고 말할 수도 없고 머리가 발더러 "너는 나에게 소용이 없다." 하고 말할 수도 없습니다. 그뿐만 아니라 몸 가운데서 다른 것들보다 약하다고 여겨지는 부분이 오히려 더 요긴합니다. 우리는 몸 가운데서 별로 중요하게 여기지 않는 부분을 더욱 조심스럽게 감싸고, 또 보기 흉한 부분을 더 보기 좋게 꾸밉니다. 그러나 보기 좋은 지체들에게는 그렇게 할 필요가 없습니다.

이렇게 하느님께서도 변변치 못한 부분을 더 귀중하게 여겨주셔서 몸의 조화를 이루게 해주셨습니다. 이것은 몸 안에 분열이 생기지 않고 모든 지체가 서로 도와 나가도록 하시려는 것입니다.

한 지체가 고통을 당하면 다른 모든 지체도 함께 아파하지 않겠습니까? 또 한 지체가 영광스럽게 되면 다른 모든 지체도 함께 기뻐하지 않겠습니까? 여러분은 다 함께 그리스도의 몸을 이루고 있으며 한 사람 한 사람은 그 지체가 되어 있습니다.

고린토인들에게 보낸 첫째 편지 12 : 12-27

7) 의義를 위한 고난

그런데 실상 그는 우리가 앓을 병을 앓아주었으며,
우리가 받을 고통을 겪어주었구나.
우리는 그가 천벌을 받은 줄로만 알았고
하느님께 매를 맞아 학대받는 줄로만 여겼다.
그를 찌른 것은 우리의 반역죄요,
그를 으스러뜨린 것은 우리의 악행惡行이었다.
그 몸에 채찍을 맞음으로 우리를 성하게 해주었고
그 몸에 상처를 입음으로 우리의 병을 고쳐주었구나.
우리 모두 양처럼 길을 잃고 헤매며
제멋대로들 놀아났지만,
야훼께서 우리 모두의 죄악罪惡을
그에게 지우셨구나. 이사야 53 : 4-6

"옳은 일을 하다가 박해를 받는 사람은

행복하다.

하늘나라가 그들의 것이다.

나 때문에 모욕을 당하고 박해를 받으며 터무니없는 말로 갖은 비난을 다 받게 되면 너희는 행복하다. 기뻐하고 즐거워하여라. 너희가 받을 큰 상이 하늘에 마련되어 있다. 옛 예언자들도 너희에 앞서 같은 박해를 받았다." 마태오의 복음서 5 : 10-12

나는 그리스도를 위해서 약해지는 것을 만족하게 여기며, 모욕과 빈곤과 박해와 곤궁을 달게 받습니다. 그것은 내가 약해졌을 때 오히려 나는 강하기 때문입니다.

고린토인들에게 보낸 둘째 편지 12 : 10

8) 국가 및 가족, 결혼 윤리

누구나 자기를 지배하는 권위權威에 복종해야 합니다. 하느님께서 주시지 않은 권위는 하나도 없고 세상의 모든 권위는 다 하느님께서 세워주신 것이기 때문입니다. 그러므로 권위를 거역하면 하느님께서 세워주신 것을 거스르는 자가 되고 거스르는 사람들은 심판을 받게 됩니다.

통치자들은 악을 행하는 자에게나 두려운 존재이지 선을 행하는 사람들에게는 두려울 것이 없습니다. 통치자를 두려워하지 않으려거든 선을 행하십시오. 그러면 그에게서 칭찬을 받을 것입니다. 통치자는 결국 여러분의 이익을 위해서 일하는 하느님의 심부름꾼입니다. 그러나 여러분이 잘못을 저지를 때에는 두려워해야 합니다. 그는 공연히 칼을 차고 있는 것이 아닙니다. 그는 하느님의 심부름꾼으로서 악을 행하는 자들에게 하느님의 벌을 대신 주는 사람입니다. 그러므로 하느님의 벌이 무서워서뿐만 아니라 자기 양심을 따르기 위해서도 권위에 복종해야 합니다.

여러분이 여러 가지 세금을 내는 것도 이 때문입니다. 통치자들은 그와 같은 직무들을 수행하도록 하느님의 임명을 받은 일꾼들입니다. 그러므로 여러분은 그들에게 해야 할 의무를 다하십시오. 국세를 바쳐야 할 사람에게는 국세를 바치고 관세를 바쳐야 할 사람에게는 관세를 바치고 두려워해야 할 사람은 두려워하고 존경해야 할 사람은 존경하십시오. 로마인들에게 보낸 편지 13 : 1-7

자녀 된 사람들은 부모에게 순종하십시오. 이것이 주님을 믿는 사람으로서 마땅히 해야 할 일입니다. "네 부모를 공경하여라." 하신 계명은 약속이 붙어 있는 첫째 계명입니다. 그 약속은, 계명을 잘 지키는 사람은 복을 받고 땅에서 오래 살리라는 것입니다.

어버이들은 자녀의 마음에 상처를 입히지 말고 주님의 정신으로 교육하고 훈계하며 잘 기르십시오.

에페소인들에게 보낸 편지 6 : 1-4

이제 여러분이 적어 보낸 여러 가지 질문에 대답해드리겠습니다. 남자는 여자와 관계를 맺지 않는 것이 좋습니다. 그러나 음행

淫行이 성행하고 있으니, 남자는 각각 자기 아내를 가지고 여자는 각각 자기 남편을 가지도록 하십시오. 남편은 아내에게 남편으로서 할 일을 다하고 아내도 그와 같이 남편에게 아내로서 할 일을 다하십시오. 아내는 자기 몸을 자기 마음대로 할 수 없고 오직 남편에게 맡겨야 하며, 남편 또한 자기 몸을 자기 마음대로 할 수 없고 오직 아내에게 맡겨야 합니다. 서로 상대방의 요구를 거절하지 마십시오.

다만 기도에 전념하기 위해서 서로 합의하여 얼마 동안 떨어져 있는 것은 무방합니다. 그러나 자제하는 힘이 없어서 사탄의 유혹에 빠질지도 모르니 그 기간이 끝나면 다시 정상적인 관계로 돌아가야 합니다. 이 말은 명령이 아니라 충고입니다. 나는 모든 사람이 다 나처럼 살기를 바랍니다. 그러나 사람마다 하느님께로부터 받는 은총의 선물이 각각 다르므로, 이 사람은 이렇게 살고 저 사람은 저렇게 삽니다.

결혼하지 않은 사람들과 과부들에게는 나처럼 그대로 독신으로 지내는 것이 좋겠다고 말하고 싶습니다. 그러나 자제할 수 없거든 결혼하십시오. 욕정에 불타는 것보다는 결혼하는 편이 낫습니다. 결혼한 사람들에게 말합니다. 이것은 내 말이 아니라 주님의 명령인데 아내는 남편과 헤어져서는 안 됩니다. 만일 헤어졌거든 재혼하지 말고 혼자 지내든지, 그렇지 않으면 자기 남편과 다시 화해해야 합니다. 또 남편은 자기 아내를 버리면 안 됩니다.

그 밖의 사람들에게 말합니다. 이것은 주님의 말씀은 아니고 내가 하는 말입니다. 어떤 교우教友에게 교인이 아닌 아내가 있는데 그 아내가 계속해서 함께 살기를 원하면, 그 아내를 버려서는 안 됩니다. 또 어떤 여자 교우에게 교인이 아닌 남편이 있는데 그가 계속해서 함께 살기를 원하면, 역시 그 남편을 버려서는 안 됩니다. 믿지 않는 남편은 믿는 아내로 말미암아 거룩하게 되고, 또 믿지 않는 아내도 믿는 남편으로 말미암아 거룩하게 되었기 때문입니다. 그렇지 않았다면 여러분의 자녀도 깨끗하지 못했을 터인데, 실상은 다 거룩하지 않습니까?

만일 믿지 않는 쪽에서 헤어지려고 한다면 헤어져도 좋습니다. 이런 경우에 남녀 교우들은 아무런 속박도 받지 않습니다. 하느님께서는 부르심을 받은 여러분이 평화스럽게 살기를 원하십니다. 여자 교우가 자기 남편을 구원할 수 있을지도 모를 일이며 또 남자 교우가 자기 아내를 구원할 수 있을지도 모를 일입니다.

고린토인들에게 보낸 첫째 편지 7 : 1-16

9) 노동과 직업의 의미

"하늘나라는 이렇게 비유할 수 있다. 어떤 포도원 주인主人이 포도원에서 일할 일꾼을 얻으려고 이른 아침에 나갔다. 그는 일꾼들과 하루 품삯을 돈 한 데나리온으로 정하고 그들을 포도원으로 보냈다. 아홉 시쯤에 다시 나가서 장터에 할 일 없이 서 있는 사람들을 보고 '당신들도 내 포도원에 가서 일하시오. 그러면 일한 만큼 품삯을 주겠소.' 하고 말하니 그들도 일하러 갔다.

주인은 열두 시와 오후 세 시쯤에도 나가서 그와 같이 하였다. 오후 다섯 시쯤에 다시 나가보니 할 일 없이 서 있는 사람들이 또 있어서 '왜 당신들은 하루 종일 이렇게 빈둥거리며 서 있기만 하오?' 하고 물었다. 그들은 '아무도 우리에게 일을 시키지 않아서 이러고 있습니다.' 하고 대답하였다. 그래서 주인은 '당신들도 내 포도원으로 가서 일하시오.' 하고 말하였다.

날이 저물자 포도원 주인은 자기 관리인에게 '일꾼들을 불러 맨 나중에 온 사람들로부터 시작하여 맨 먼저 온 사람들에게까지 차례로 품삯을 치르시오.' 하고 일렀다. 오후 다섯 시쯤부터 일한 일꾼들이 와서 한 데나리온씩을 받았다. 그런데 맨 처음부터 일한 사람들은 품삯을 더 많이 받으려니 했지만 그들도 한 데나리온씩밖에 받지 못하였다.

그들은 돈을 받아들고 주인에게 투덜거리며 '막판에 와서 한 시간밖에 일하지 않은 저 사람들을 온종일 뙤약볕 밑에서 수고한 우리들과 똑같이 대우하십니까?' 하고 따졌다. 그러자 주인은 그들 가운데 한 사람을 보고 '내가 당신에게 잘못한 것이 무엇이오? 당신은 나와 품삯을 한 데나리온으로 정하지 않았소? 당신의 품삯이나 가지고 가시오. 나는 이 마지막 사람에게도 당신에게 준 만큼의 삯을 주기로 한 것이오. 내 것을 내 마음대로 처리하는 것이 잘못이란 말이오? 내 후厚한 처사가 비위에 거슬린단 말이오?' 하고 말하였다. 이와 같이 꼴찌가 첫째가 되고 첫째가 꼴찌가 될 것이다."

마태오의 복음서 20 : 1-16

"하늘나라는 또 이렇게 비유할 수 있다. 어떤 사람이 먼 길을 떠나면서 자기 종들을 불러 재산財產을 맡기었다. 그는 각자의 능력에 따라 한 사람에게는 돈 다섯 달란트를 주고 한 사람에게는 두 달란트를 주고 또 한 사람에게는 한 달란트를 주고 떠났다. 다섯 달란트를 받은 사람은 곧 가서 그 돈을 활용하여 다섯 달란트를 더 벌었다. 두 달란트를 받은 사람도 그와 같이 하여 두 달란트를 더 벌었다. 그러나 한 달란트를 받은 사람은 가서 그 돈을 땅에 묻어두었다.

얼마 뒤에 주인이 와서 그 종들과 셈을 하게 되었다. 다섯 달란트를 받은 사람은 다섯 달란트를 더 가지고 와서 '주인님, 주인께서 저에게 다섯 달란트를 맡기셨는데 보십시오, 다섯 달란트를 더 벌었습니다.' 하고 말하였다. 그러자 주인이 그에게 '잘하였다. 너는 과연 착하고 충성스러운 종이다. 네가 작은 일에 충성을 다하였으니 이제 내가 큰일을 너에게 맡기겠다. 자, 와서 네 주인과 함께 기쁨을 나누어라.' 하고 말하였다.

그 다음 두 달란트를 받은 사람도 와서 '주인님, 두 달란트를 저에게 맡기셨는데 보십시오, 두 달란트를 더 벌었습니다.' 하고 말하였다. 그래서 주인은 그에게도 '잘하였다. 너는 과연 착하고 충성스러운 종이다. 네가 작은 일에 충성을 다하였으니 이제 내가 큰일을 너에게 맡기겠다. 자, 와서 네 주인과 함께 기쁨을 나누어라.' 하고 말하였다.

그런데 한 달란트를 받은 사람은 와서 '주인님, 저는 주인께서 심지 않은 데서 거두시고 뿌리지 않은 데서 모으시는 무서운 분이신 줄을 알고 있었습니다. 그래서 두려운 나머지 저는 주인님의 돈을 가지고 가서 땅에 묻어두었습니다. 보십시오, 여기 그 돈이 그대로 있습니다.' 하고 말하였다.

그러자 주인은 그 종에게 호통을 쳤다. '너야말로 악하고 게으른 종이다. 내가 심지 않은 데서 거두고 뿌리지 않은 데서 모으는 사람인 줄로 알고 있었다면, 내 돈을 돈 쓸 사람에게 꾸어주었다가 내가 돌아올 때에 그 돈에 이자利子를 붙여서 돌려주어야 할 것이 아니냐? 여봐라, 저자에게서 한 달란트마저 빼앗아 열 달란트 가진 사람에게 주어라.

누구든지 있는 사람은 더 받아 넉넉해지고 없는 사람은 있는 것마저 빼앗길 것이다. 이 쓸모없는 종을 바깥 어두운 곳에 내쫓아라. 거기에서 가슴을 치며 통곡할 것이다.'"

마태오의 복음서 25 : 14-30

10) 소유所有의 문제 : 경제 윤리

예수께서는 제자들에게 이렇게 말씀하셨다. "나는 분명히 말한다. 부자는 하늘나라에 들어가기가 어렵다. 거듭 말하지만 부자가 하느님 나라에 들어가는 것보다는 낙타가 바늘귀로 빠져나가는 것이 더 쉬울 것이다."

제자들이 이 말씀을 듣고 깜짝 놀라서 "그러면 구원받을 사람이 어디 있겠습니까?" 하고 물었다. 예수께서는 그들을 똑바로 보시며

"그것은 사람의 힘으로 할 수 없는 일이다. 그러나 하느님께서는 무슨 일이든 하실 수 있다." 하고 말씀하셨다.

마태오의 복음서 19 : 23-26

예수께서 예리고에 이르러 거리를 지나가고 계셨다. 거기에 자캐오라는 돈 많은 세관장稅關長이 있었는데 예수가 어떤 분인지 보려고 애썼으나 키가 작아서 군중에 가려 볼 수가 없었다. 그래서 예수께서 지나가시는 길을 앞질러 달려가서 길가에 있는 돌무화과나무 위에 올라갔다.

예수께서 그곳을 지나시다가 그를 쳐다보시며 "자캐오야, 어서 내려오너라. 오늘은 내가 네 집에 머물러야 하겠다." 하고 말씀하셨다. 자캐오는 이 말씀을 듣고 얼른 나무에서 내려와 기쁜 마음으로 예수를 자기 집에 모셨다. 이것을 보고 사람들은 모두 "저 사람이 죄인罪人의 집에 들어가 묵는구나!" 하며 못마땅해 하였다.

그러나 자캐오는 일어서서 "주님, 저는 제 재산의 반을 가난한 사람들에게 나누어주렵니다. 그리고 제가 남을 속여먹은 것이 있다면 그 네 갑절은 갚아주겠습니다." 하고 말씀드렸다.

예수께서 자캐오를 보시며 "오늘 이 집은 구원救援을 얻었다. 이 사람도 아브라함의 자손이다. 사람의 아들은 잃은 사람들을 찾아 구원하러 온 것이다." 하고 말씀하셨다.

루가의 복음서 19 : 1-10

제9장

창시자

십자가에 못 박힌 예수 Crucifixion
미켈란젤로 부오나로티
Michelangelo Buonarroti

모든 종교宗教마다 창시자가 있기 마련이다. 그러나 그리스도교의 창시자는 예수 그리스도라고 말하기에는 다소 무리가 있다. 왜냐하면 예수는 스스로 새로운 종교를 창시할 의도도 없었고 스스로 유다 민족의 종교로부터 분리되려고 하지도 않았기 때문이다.

그럼에도 분명한 것은 예수는 자신의 가르침을 이전 선지자先知者들의 가르침과는 전적으로 새롭다고 하였고, 이전의 가르침을 완성하기 위하여 존재한다는 자의식을 가지고 있었으며, 더욱이 그는 자기 자신을 유다 민족들이 대망待望하고 고대하던 메시아, 곧 하느님 아들로서 인식하였다는 사실이다.

이로부터 비록 그리스도교가 사도 바울이란 인물을 통해 역사 속에서 제도화될 수 있었으나, 예수 그리스도의 인격과 활동에 근거한 새로운 종교로서 그리스도교가 창시되었다고 말해야 한다. 그리스도교가 말하는 모든 것의 결정적 근거와 기준은 바로 예수 그리스도의 인격人格과 그의 사역使役 속에 있기 때문이다.

무엇보다도 그리스도교는 예수를 ≪구약성서≫ 예언의 성취자로서 고백한다. 다윗의 혈통에서 태어난 메시아이며 율법의 완성자이고 또한 인간의 죄로 인해 고난받는 종의 구체적 실존이라는 것이다. 또한 그리스도교는 예수의 탄생을 성령 잉태의 사건으로 믿으며 하느님 자신의 육화肉化라고 신조화信條化하고 있다. 하느님의 '성육신成肉身'으로서 예수는 '신이 언제나 인간과 함께 한다.'는 신비를 자신 안에 지니고 있는 것이다.

지상地上에서의 예수의 활동은 하느님 나라의 임박함을 알리고 하느님의 통치를 세우는 일로 집약된다. 사회에서 냉대받는 창기娼妓, 세리稅吏, 모든 병든 자들의 친구가 되고 그들을 구원의 길로 인도하는 선한 목자로서의 삶을 사신 것이다. 하느님 통치를 거부하는 이 세상의 구원을 위해 예수는 자신을 화목제和睦祭로 바쳤던 바, 이는 그의 십자가 죽음 속에서 가시화可視化된다.

그러나 예수는 죽음으로 비존재화되지 않고 부활復活로서 모든 죽음의 세력에 대한 승리자로서 예수를 따랐던 많은 제자들에게 체험된다. 바로 이러한 부활 체험에 근거하여 그리스도교 교회가 설립되고 그리스도가 예배의 주님으로, 교회의 머리로서 공경되었던 것이다.

예수 그리스도는 이제 교회 안에서 인간의 죄를 구원하는 대속자代贖者로 하느님과 인간을 중재하는 중보자仲保者로, 그리고 세상의 끝날 재림再臨하실 존재로 대상화되었다. 그리고 생명의 떡으로서 성만찬 시 임재臨在하시는 예수 그리스도는 신앙인 개인의 구원과 교회공동체의 존립을 가능케 하는 근거가 되고 있는 것이다.

1. 예언豫言의 성취자로서의 예수

그리스도교는 예수 그리스도의 탄생을 ≪구약성서≫의 완성으로 이해한다. 실제로 ≪구약성서≫는 예언서 등을 통하여 메시아 탄생을 예고해왔고 그가 고난받는 종의 모습으로 이 땅에 나서 이스라엘 민족을 구원하고 모든 억압으로부터 해방할 것이라고 선포해왔다. 또한 ≪구약성서≫가 율법律法을 강조해온 것과 달리 복음서는 예수를 율법의 완성자로 보았고, 더 나아가 바울 서신은 율법 무용론을 말하고 있는데, 여기에도 예수가 ≪구약성서≫ 예언의 성취자임이 전제되고 있다.

1) 다윗의 혈통血統 : 유다인의 왕, 메시아

아브라함의 후손後孫이요, 다윗의 자손子孫인 예수 그리스도의 족보는 다음과 같다.

아브라함은 이사악을 낳았고 이사악은 야곱을, 야곱은 유다와 그의 형제를 낳았으며 유다는 다말에게서 베레스와 제라를 낳았고 베레스는 헤스론을, 헤스론은 람을, 람은 암미나답을, 암미나답은 나흐손을, 나흐손은 살몬을 낳았고 살몬은 라합에게서 보아즈를 낳았으며 보아즈는 룻에게서 오벳을 낳았고 오벳은 이새를, 이새는 다윗왕을 낳았다.

다윗은 우리야의 아내에게서 솔로몬을 낳았고 솔로몬은 르호보암을, 르호보암은 아비야를, 아비야는 아삽을, 아삽은 여호사밧을, 여호사밧은 요람을, 요람은 우찌야를, 우찌야는 요담을, 요담은 아하즈를, 아하즈는 히즈키야를, 히즈키야는 므나쎄를, 므나쎄는 아모스를, 아모스는 요시아를 낳았고, 이스라엘 민족이 바빌론으로 끌려갈 무렵에 요시아는 여고니야와 그의 동생들을 낳았다.

바빌론으로 끌려간 다음 여고니야는 스알디엘을 낳았고 스알

디엘은 즈루빠벨을, 즈루빠벨은 아비훗을, 아비훗은 엘리아킴을, 엘리아킴은 아졸을, 아졸은 사독을, 사독은 아힘을, 아힘은 엘리훗을, 엘리훗은 엘르아잘을, 엘르아잘은 마딴을, 마딴은 야곱을 낳았으며, 야곱은 마리아의 남편 요셉을 낳았고 마리아에게서 예수가 나셨는데 이분을 그리스도라고 부른다.

마태오의 복음서 1 : 1-16

2) 율법의 완성자完成者

"내가 율법이나 예언서의 말씀을 없애러 온 줄로 생각하지 마라. 없애러 온 것이 아니라 오히려 완성하러 왔다. 분명히 말해두는데, 천지天地가 없어지는 일이 있더라도 율법은 일 점 일 획도 없어지지 않고 다 이루어질 것이다. 그러므로 가장 작은 계명 중에 하나라도 스스로 어기거나, 어기도록 남을 가르치는 사람은 누구나 하늘나라에서 가장 작은 사람대접을 받을 것이다.

그러나 스스로 계명을 지키고, 남에게도 지키도록 가르치는 사람은 누구나 하늘나라에서 큰 사람대접을 받을 것이다. 잘 들어라. 너희가 율법학자들이나 바리사이파 사람들보다 더 옳게 살지 못한다면 결코 하늘나라에 들어가지 못할 것이다."

마태오의 복음서 5 : 17-20

그 무렵 어느 안식일安息日에 예수께서 밀밭 사이를 지나가시게 되었는데 제자들이 배가 고파서 밀 이삭을 잘라먹었다. 이것을 본 바리사이파 사람들이 예수께 “저것 보십시오. 당신의 제자들이 안식일에 해서는 안 될 일을 하고 있습니다.” 하고 말했다.

예수께서 이렇게 대답하셨다. “너희는 다윗의 일행이 굶주렸을 때에 다윗이 한 일을 읽어보지 못하였느냐? 그는 하느님의 집에 들어가서 그 일행과 함께 제단에 차려놓은 빵을 먹지 않았느냐? 그것은 사제들밖에는 다윗도 그 일행도 먹을 수 없는 빵이었다. 또 안식일에 성전 안에서는 사제들이 안식일의 규정을 어겨도 그것이 죄가 되지 않는다는 것을 율법 책에서 읽어보지 못하였느냐?

잘 들어라. 성전보다 더 큰 이가 여기에 있다. ‘내가 바라는 것은 나에게 동물을 잡아 바치는 제사가 아니라 이웃에게 베푸는 자선慈善이다.’ 하신 말씀이 무슨 뜻인지 알았더라면 너희는 무죄한 사람들을 죄인으로 단정하지는 않았을 것이다. 사람의 아들이 바로 안식일의 주인이다.” 마태오의 복음서 12 : 1-8

3) 고난받는 종從

그런데 실상 그는 우리가 앓을 병을 앓아주었으며,
우리가 받을 고통을 겪어주었구나.
우리는 그가 천벌을 받은 줄로만 알았고
하느님께 매를 맞아 학대받는 줄로만 여겼다.
그를 찌른 것은 우리의 반역죄요,
그를 으스러뜨린 것은 우리의 악행惡行이었다.

그 몸에 채찍을 맞음으로 우리를 성하게 해주었고
그 몸에 상처를 입음으로 우리의 병病을 고쳐주었구나.
우리 모두 양처럼 길을 잃고 헤매며
제멋대로들 놀아났지만,
야훼께서 우리 모두의 죄악을
그에게 지우셨구나. 이사야 53 : 4-6

날이 저물었을 때에 사람들이 예수께 마귀 들린 사람을 많이 데려왔다. 예수께서는 말씀 한마디로 악령을 쫓아내시고 다른 병자들도 모두 고쳐주셨다. 이리하여 예언자 이사야가,
"그분은 몸소 우리의 허약함을 맡아주시고
우리의 병고病苦를 짊어지셨다."
하신 말씀이 이루어졌다. 마태오의 복음서 8 : 16, 17

2. 예수의 역사적 탄생과 인격人格

≪신약성서≫는 그리스도교의 창시자인 예수의 출생을 신비롭게 신화적 방식으로 묘사한다. 성령으로 잉태되었으며 남자를 모르는 성처녀 마리아의 몸에서 태어났음을 강조하고 있다. 또한 이러한 예수를 성육화成肉化된 하느님 자신으로 또는 하느님의 아들로 고백하며, 세상의 고통과 죄악을 짊어지고 가는 대속자代贖者로

서 하느님의 대리자代理者가 된다고 고백한다.

1) 성령 잉태孕胎 : 임마누엘의 하느님

예수 그리스도께서 태어나신 경위는 이러하다. 예수의 어머니 마리아는 요셉과 약혼을 하고 같이 살기 전에 잉태한 것이 드러났다. 그 잉태는 성령으로 말미암은 것이었다. 마리아의 남편 요셉은 법대로 사는 사람이었고 또 마리아의 일을 세상에 드러낼 생각도 없었으므로, 남모르게 파혼하기로 마음먹었다.

요셉이 이런 생각을 하고 있을 무렵에 주의 천사가 꿈에 나타나서 "다윗의 자손 요셉아, 두려워하지 말고 마리아를 아내로 맞아들이어라. 그의 태중에 있는 아기는 성령으로 말미암은 것이다. 마리아가 아들을 낳을 터이니 그 이름을 예수라 하여라. 예수는 자기 백성을 죄에서 구원할 것이다." 하고 일러주었다. 이 모든 일로써 주께서 예언자를 시켜,

"동정녀가 잉태하여 아들을 낳으리니
그 이름을 임마누엘이라 하리라."

하신 말씀이 그대로 이루어졌다. 임마누엘은 '하느님께서 우리와 함께 계시다.' 는 뜻이다.

잠에서 깨어난 요셉은 주의 천사가 일러준 대로 마리아를 아내로 맞아들였다. 그러나 아들을 낳을 때까지 동침同寢하지 않고 지내다가 마리아가 아들을 낳자 그 아기를 예수라고 불렀다.

마태오의 복음서 1 : 18-25

2) 인자人子 예수 : 하느님의 아들

변용 The Transfiguration(변화산의 예수)
라파엘로 산지오 Rapaello Sanzio da Urbino

이 말씀을 하신 뒤 여드레쯤 지나서 예수께서는 베드로와 요한과 야고보를 데리고 기도하러 산으로 올라가셨다. 예수께서 기도하시는 동안에 그 모습이 변하고 옷이 눈부시게 빛났다. 그러자 난데없이 두 사람이 나타나 예수와 함께 이야기하고 있었다. 그들은 모세와 엘리야였다. 영광에 싸여 나타난 그들은 예수께서 머지않아 예루살렘에서 이루려고 하시는 일 곧 그의 죽음에 관하여 예수와 함께 이야기를 나누고 있었다.

그때 베드로와 그의 동료들은 깊이 잠들었다가 깨어나 예수의 영광스러운 모습과 거기 함께 서 있는 두 사람을 보았다. 그 두 사람이 떠나려 할 때 베드로가 나서서 "선생님, 저희가 여기서 지내면 얼마나 좋겠습니까! 저희가 초막 셋을 지어 하나는 선생님께, 하나는 모세에게, 하나는 엘리야에게 드리겠습니다." 하고 예수께 말하였다. 무슨 소리를 하는지 자기도 모르고 한 말이었다. 베드로가 이런 말을 하고 있는 사이에 구름이 일어 그들을 뒤덮었다. 그들이 구름 속으로 사라져 들어가자 제자들은 그만 겁에 질려버렸다.

이때 구름 속에서 "이는 내 아들, 내가 택한 아들이니 그의 말을 들어라!" 하는 소리가 들려왔다. 그 소리가 그친 뒤에 보니 예수밖에는 아무도 보이지 않았다. 제자들은 아무 말도 못 하고 자기들이 본 것을 얼마 동안 아무에게도 말하지 않았다.

루가의 복음서 9 : 28-36

3) 하느님의 자기계시自己啓示

그때에 예수께서 이렇게 기도하셨다. "하늘과 땅의 주인이신 아버지, 안다는 사람들과 똑똑하다는 사람들에게는 이 모든 것을 감추시고 오히려 철부지 어린아이들에게 나타내 보이시니 감사합니다. 그렇습니다. 아버지! 이것이 아버지께서 원하신 뜻이었습니다. 아버지께서는 모든 것을 저에게 맡겨주셨습니다. 아버지밖에는 아들을 아는 이가 없고, 아들과 또 그가 아버지를 계시하려고 택한 사람들밖에는 아버지를 아는 이가 없습니다."

마태오의 복음서 11 : 25-27

말씀이 세상에 계셨고 세상이 이 말씀을 통하여 생겨났는데도 세상은 그분을 알아보지 못하였다. 그분이 자기 나라에 오셨지만 백성들은 그분을 맞아주지 않았다. 그러나 그분을 맞아들이고 믿는 사람들에게는 하느님의 자녀가 되는 특권을 주셨다. 그들은 혈육으로나 육정으로나 사람의 욕망으로 난 것이 아니라 하느님에게서 난 것이다.

말씀이 사람이 되셔서 우리와 함께 계셨는데 우리는 그분의 영광을 보았다. 그것은 외아들이 아버지에게서 받은 영광이었다. 그분에게는 은총과 진리가 충만하였다. 요한의 복음서 1 : 10-14

3. 예수의 삶과 활동(업적)

그리스도교는 지상에서의 예수의 삶을 타자他者를 위한 삶, 특별히 고통받고 소외된 어려운 이웃들의 친구요, 병자들의 위로자慰勞者이며 선한 목자로서 민중들 모두를 진리로 이끄는 선생으로서 증언한다. 더욱 일평생 가난한 이들의 입장을 대변하고 그들이야말로 하느님이 사랑하는 백성임을 증거하다가 종교 지도자들, 기득권자들에 의해 십자가에 처형되었다고 말하기도 한다.

그러나 본질적으로 그리스도의 십자가는 하느님과 대적하고 있는 이 세상 전체를 하느님과 화해시키기 위한 대속적代贖的 죽음을 의미한다.

1) 하느님의 통치 : 약자弱子를 위한 삶

예수께서 그곳을 떠나 길을 가시다가 마태오라는 사람이 세관에 앉아 있는 것을 보시고 "나를 따라오너라." 하고 부르셨다. 그러자 그는 일어나서 예수를 따라나섰다. 예수께서 마태오의 집에서 음식을 잡수실 때에 세리와 죄인들도 많이 와서 예수와 그 제자들과 함께 음식을 먹게 되었다. 이것을 본 바리사이파 사람들은 예수의 제자들에게 "어찌하여 당신네 선생은 세리와 죄인들과 어울려 음식을 나누는 것이오?" 하고 물었다.

예수께서 이 말을 들으시고 "성한 사람에게는 의사가 필요하지 않으나 병자에게는 필요하다. 너희는 가서 '내가 바라는 것은 동물을 잡아 나에게 바치는 제사가 아니라 이웃에게 베푸는 자선慈善이다.' 하신 말씀이 무슨 뜻인가를 배워라.

나는 선善한 사람을 부르러 온 것이 아니라 죄인을 부르러 왔다." 하고 말씀하셨다. 마태오의 복음서 9 : 9-13

제베대오의 두 아들 야고보와 요한이 예수께 가까이 와서 "선생님, 소원이 있습니다. 꼭 들어주십시오." 하고 말하였다. 예수께서 그들에게 "나에게 바라는 것이 무엇이냐?" 하고 물으시자 그들은 "선생님께서 영광榮光의 자리에 앉으실 때 저희를 하나는 선생님의 오른편에 하나는 왼편에 앉게 해주십시오." 하고 부탁하였다.

그래서 예수께서는 "너희가 청하는 것이 무엇인지나 알고 있느냐? 내가 마시게 될 잔을 마실 수 있으며 내가 받을 고난의 세례를 받을 수 있단 말이냐?" 하고 물으셨다. 그들이 "예, 할 수 있습니다." 하고 대답하자 예수께서 다시 이렇게 말씀하셨다.

"너희도 내가 마실 잔을 마시고 내가 받을 고난의 세례를 받기는 할 것이다. 그러나 내 오른편이나 왼편 자리에 앉는 특권은 내가 주는 것이 아니다. 그 자리에 앉을 사람들은 하느님께서 미리 정해놓으셨다."

이 대화를 듣고 있던 다른 열 제자가 야고보와 요한을 보고 화를 냈다. 그래서 예수께서는 그들을 가까이 불러놓고 "너희도 알다시피 이방인들의 통치자로 자처하는 사람들은, 백성을 강제로 지배하고 또 높은 사람들은 백성을 권력으로 내리누른다. 그러나 너희는 그래서는 안 된다.

너희 사이에서 누구든지 높은 사람이 되고자 하는 사람은 남을 섬기는 사람이 되어야 하고, 으뜸이 되고자 하는 사람은 모든 사람의 종이 되어야 한다. 사람의 아들도 섬김을 받으러 온 것이 아니라 섬기러 왔고, 또 많은 사람들을 위하여 목숨을 바쳐 몸값을 치르러 온 것이다." 하셨다. 마르코의 복음서 10 : 35-45

2) 선한 목자牧者, 스승, 진리 자체

"나는 착한 목자이다. 착한 목자는 자기 양을 위하여 목숨을 바친다. 목자가 아닌 삯꾼은 양들이 자기 것이 아니기 때문에 이리가 가까이 오는 것을 보면 양을 버리고 도망쳐버린다. 그러면 이리는 양들을 물어 가고 양 떼는 뿔뿔이 흩어져버린다. 그는 삯꾼

이어서 양들을 조금도 생각하지 않기 때문이다.

나는 착한 목자이다. 나는 내 양들을 알고 내 양들도 나를 안다. 이것은 마치 아버지께서 나를 아시고 내가 아버지를 아는 것과 같다. 나는 내 양들을 위하여 목숨을 바친다."

요한의 복음서 10 : 14, 15

"나는 참 포도나무요 나의 아버지는 농부이시다. 나에게 붙어 있으면서 열매를 맺지 못하는 가지는 아버지께서 모조리 쳐내시고, 열매를 맺는 가지는 더 많은 열매를 맺도록 잘 가꾸신다. 너희는 내 교훈을 받아 이미 잘 가꾸어진 가지들이다. 너희는 나를 떠나지 마라. 나도 너희를 떠나지 않겠다. 포도나무에 붙어 있지 않는 가지가 스스로 열매를 맺을 수 없는 것처럼, 너희도 나에게 붙어 있지 않으면 열매를 맺지 못할 것이다.

나는 포도나무요 너희는 가지다. 누구든지 나에게서 떠나지 않고 내가 그와 함께 있으면, 그는 많은 열매를 맺는다. 나를 떠나서는 너희가 아무것도 할 수 없다."

요한의 복음서 15 : 1-5

예수께서는 "나는 길이요 진리요 생명이다. 나를 거치지 않고서는 아무도 아버지께 갈 수 없다. 너희가 나를 알았으니 나의 아버지도 알게 될 것이다. 이제부터 너희는 그분을 알게 되었다. 아니 이미 뵈었다." 하고 말씀하셨다. 이번에는 필립보가 "주님, 저희에게 아버지를 뵙게 하여주시면 더 바랄 것이 없겠습니다." 하고 간청하였다.

예수께서는 이렇게 대답하셨다. "필립보야, 들어라. 내가 이토록 오랫동안 너희와 같이 지냈는데도 너는 나를 모른다는 말이냐? 나를 보았으면 곧 아버지를 본 것이다. 그런데도 아버지를 뵙게 해 달라니 무슨 말이냐? 너는 내가 아버지 안에 있고 아버지께서 내 안에 계시다는 것을 믿지 않느냐? 내가 너희에게 하는 말도 나 스스로 하는 말이 아니라, 아버지께서 내 안에 계시면서 몸소 하시는 일이다." 요한의 복음서 14 : 4-10

3) 세상과의 화해자 : 십자가 사건

하느님께서는 당신의 완전한 본질을 그리스도에게 기꺼이 주시고, 그리스도를 내세워 하늘과 땅의 만물을 당신과 화해시켜주셨습니다. 곧 십자가에서 흘리신 예수의 피로써 평화를 이룩하셨습니다. 골로사이인들에게 보낸 편지 1 : 19, 20

모든 사람이 죄를 지었기 때문에 하느님이 주셨던 본래의 영광스러운 모습을 잃어버렸습니다. 하느님께서는 그리스도 예수를 통해서 모든 사람을 죄에서 풀어주시고, 당신과 올바른 관계를 가질 수 있는 은총을 거저 베풀어주셨습니다. 그리스도를 믿는 사람에게는 죄를 용서해주시려고, 하느님께서 그리스도를 제물로 내어주셔서 피를 흘리게 하셨습니다.

이리하여 하느님께서 당신의 정의正義를 나타내셨습니다. 과거에는 하느님께서 인간의 죄를 참고 눈감아주심으로 당신의 정의를 나타내셨고, 오늘날에 와서는 죄를 물으심으로써 당신의 정의를 나타내셨습니다. 이렇게 해서 하느님께서는 당신이 올바르시다는 것과, 예수를 믿는 사람이면 누구든지 당신과 올바른 관계에 놓아주신다는 것을 보여주십니다.

로마인들에게 보낸 편지 3 : 23-26

4. 예배(제의祭儀)의 대상이신 그리스도

예수 그리스도의 죽음과 부활 이후 그리스도교는 사도 바울에 의해 헬라 문명권 속으로 전파되어갔다. 당시 헬라 지역은 밀의密意종교가 성행하고 신비주의 색조의 종교가 만연하던 곳이었다.

이런 문화의 특색과 영향 속에서 하느님 나라를 선포하던 예수 자신은 신앙의 대상으로 고양되었고, 예수 그리스도의 삶과 죽음은 제의적인 색채를 띠며 더욱 신비화되어갔다. 즉 바울적 그리스도교는 예수 그리스도와 인간 자신이 하나로 연합되는 것을 궁극적인 구원으로 명명했던 것이다.

1) 신앙의 주 : 대속자代贖者

하느님은 이 세상을 극진히 사랑하셔서 외아들을 보내주시어, 그를 믿는 사람은 누구든지 멸망하지 않고 영원한 생명을 얻게 하여주셨다. 하느님이 아들을 세상에 보내신 것은 세상을 단죄하시려는 것이 아니라 아들을 시켜 구원하시려는 것이다.

요한의 복음서 3 : 16, 17

그러나 우리는 사람이 하느님과 올바른 관계에 놓이는 길이 율법을 지키는 데 있지 않고 예수 그리스도를 믿는 데 있다는 것을 알고 있습니다. 그래서 우리는 율법을 지킴으로써가 아니라 그리스도를 믿음으로써, 하느님과 올바른 관계를 가지려고 그리스도 예수를 믿은 것입니다.

율법을 지키는 것으로는 누구를 막론하고 하느님과 올바른 관계를 가질 수가 없기 때문입니다. 그러나 만일 그리스도를 믿음으로써 하느님과 올바른 관계를 가지려고 노력하는 우리 자신이 죄인으로 드러난다면, 그리스도가 죄를 조장助長하시는 분이란 말입니까? 절대로 그럴 수 없습니다. 만일 내가 전에 헐어버린 것을 다시 세운다면 나는 스스로 법을 어긴 사람이 될 것입니다. 나는 이미 율법의 손에 죽어서 율법의 지배에서 벗어나 하느님을 위하여 살게 되었습니다. 나는 그리스도와 함께 십자가에 달려 죽었습니다. 이제는 내가 사는 것이 아니라 그리스도가 내 안에서 사시는 것입니다.

지금 내가 살고 있는 것은 나를 사랑하시고 또 나를 위해서 당신의 몸을 내어주신 하느님의 아들을 믿는 믿음으로 사는 것입니다. 나는 하느님의 은총을 헛되게 하지는 않습니다. 만일 사람이 율법을 통해서 하느님과 올바른 관계를 맺을 수 있다면, 그리스도의 죽음은 헛일이 될 것입니다.

갈라디아인들에게 보낸 편지 2 : 16-21

2) 중보자仲保者 : 대제사장이신 그리스도

우리에게는 하늘로 올라가신 위대한 대사제이시며 하느님의 아들이신 예수가 계십니다. 그러므로 우리는 그분에 대한 신앙을 굳게 지킵시다. 우리의 사제는 연약한 우리의 사정을 몰라주시는 분이 아니라, 우리와 마찬가지로 모든 일에 유혹을 받으신 분입니다. 그러나 죄는 짓지 않으셨습니다. 그러므로 용기를 내어 하느님의 은총의 옥좌로 가까이 나아갑시다. 그러면 우리는 하느님의 자비와 은총을 받아서 필요한 때에 도움을 받게 될 것입니다.

히브리인들에게 보낸 편지 4 : 14-16

그러나 그리스도께서는 이미 존재하는 모든 좋은 것을 주관하시는 대사제로 오셨습니다. 그분이 사제로 일하시는 성전은 더 크고 더 완전한 것이며 사람의 손으로 만든 것이 아닙니다. 말하자면 창조創造된 이 세상에 속하여 있는 것이 아니라는 말입니다. 그리스도는 단 한 번 지성소至聖所에 들어가셔서, 염소나 송아지의 피가 아닌 당신 자신의 피로써, 우리에게 영원히 속죄받을 길을 마련해주셨습니다.

부정한 사람들에게 염소나 황소의 피와 암송아지의 재를 뿌려도 그 육체를 깨끗하게 하여 그들을 거룩하게 할 수 있다면, 하물며 성령을 통하여 당신 자신을 하느님께 흠 없는 제물로 바치신 그리스도의 피는, 우리의 양심을 깨끗하게 하는 데나 죽음의 행실을 버리게 하고 살아 계신 하느님을 섬기게 하는 데 얼마나 큰 힘이 되겠습니까?

그러므로 그리스도는 새로운 계약의 중재자이십니다. 그분은 사람들이 먼젓번 계약 아래서 저지른 죄를 용서받게 하시려고 죽으셨습니다. 따라서 부르심을 받은 사람들이 하느님께서 약속해주신 영원한 유산을 이어받게 되었습니다.

히브리인들에게 보낸 편지 9 : 11-15

3) 만유萬有의 주

그리스도께서는 보이지 않는 하느님의 형상이시며 만물萬物에 앞서 태어나신 분이십니다. 그것은 하늘과 땅에 있는 만물, 곧 보이는 것은 물론이고, 왕권과 주권과 권세와 세력의 여러 천신들과 같은 보이지 않는 것까지도, 모두 그분을 통해서 창조되었기 때문입니다. 만물은 그분을 통해서 그리고 그분을 위해서 창조되었습니다. 그분은 만물보다 앞서 계시고 만물은 그분으로 말미암아 존속합니다.

그리스도는 또한 당신의 몸인 교회의 머리이십니다. 그분은 모든 것의 시작이시고, 죽은 자들 가운데서 살아나신 최초의 분이시며 만물의 으뜸이 되셨습니다. 하느님께서는 당신의 완전한 본질을 그리스도에게 기꺼이 주시고, 그리스도를 내세워 하늘과 땅의 만물을 당신과 화해시켜주셨습니다. 곧 십자가에서 흘리신 예수의 피로써 평화를 이룩하셨습니다.

골로사이인들에게 보낸 편지 1 : 15-20

바울로는 아레오파고 법정에 서서 이렇게 연설하였다.

"아테네 시민 여러분, 내가 보기에 여러분은 여러 모로 강한 신앙심을 가지고 계십니다. 내가 아테네 시를 돌아다니며 여러분이 예배하는 곳을 살펴보았더니 '알지 못하는 신神에게'라고 새겨진 제단까지 있었습니다. 여러분이 미처 알지 못한 채 예배해온 그분을 이제 여러분에게 알려드리겠습니다.

그분은 이 세상과 그 안에 있는 모든 것을 만든 하느님이십니다. 그분은 하늘과 땅의 주인이시므로 사람이 만든 신전에서는 살지 않으십니다. 또 하느님에게는 사람 손으로 채워드려야 할 만큼 부족한 것이라곤 하나도 없으십니다. 하느님은 오히려 사람들에게 생명과 호흡과 모든 것을 주시는 분이십니다.

하느님께서는 한 조상에게서 모든 인류를 내시어 온 땅 위에서 살게 하시고, 또 그들이 살아갈 시대와 영토를 미리 정해주셨습니다. 이리하여 사람들이 하느님을 더듬어 찾기만 하면 만날 수 있게 해주셨습니다. 사실 하느님께서는 누구에게나 가까이 계십니다."

사도행전 17 : 22-27

4) 재림再臨하실 분

예수께서는 "그렇다. 너희는 사람의 아들이 전능하신 분의 오른편에 앉아 있는 것과 하늘의 구름을 타고 오는 것을 볼 것이다." 하고 대답하셨다. 이 말을 듣고 대사제는 자기 옷을 찢으며 "이 이상 무슨 증거가 더 필요하겠소? 여러분은 방금 이 모독하는 말을 듣지 않았습니까? 자, 어떻게 했으면 좋겠소?" 하고 묻자 사람들은 일제히 예수는 사형감이라고 단정하였다.

어떤 자들은 예수께 침을 뱉으며 그의 얼굴을 가리고 주먹으로 치면서 "자, 누가 때렸는지 알아맞혀 보아라." 하며 조롱하였다. 경비원들도 예수께 손찌검을 하였다.

마르코의 복음서 14 : 62-65

나 요한은 아시아에 있는 일곱 교회에 이 편지를 씁니다. 지금 계시고 전에도 계셨고 또 장차 오실 그분과 그분의 옥좌玉座 앞에 있는 일곱 영신靈神께서, 그리고 진실한 증인이시며, 죽음으로부터 제일 먼저 살아나신 분이시며, 땅 위의 모든 왕들의 지배자이신 예수 그리스도께서 여러분에게 은총과 평화를 내려주시기를 빕니다.

우리를 사랑하신 나머지 당신의 피로써 우리를 죄에서 해방시켜주시고 우리로 하여금 한 왕국王國을 이루게 하시고, 또 당신의 하느님 아버지를 섬기는 사제가 되게 하신 그분께서 영광과 권세를 영원무궁토록 누리시기를 빕니다. 아멘.

그분은 구름을 타고 오십니다.
모든 눈이 그를 볼 것이며
그분을 찌른 자들도 볼 것입니다.
땅 위에서는 모든 민족民族이 그분 때문에
가슴을 칠 것입니다.
꼭 그렇게 될 것입니다. 아멘.

지금 계시고 전에도 계셨고 장차 오실 전능하신 주 하느님께서 "나는 알파요 오메가다." 하고 말씀하셨습니다.

요한의 묵시록 1 : 4-8

5. 교회의 머리 되신 예수 그리스도

예수의 죽음 이후 임박한 종말 대신에 그와 등가적等價的인 교회 공동체가 생겨나게 되었고 교회 공동체는 예수를 자신들의 머리가 되고 자신은 그의 몸으로서 각각 한 지체肢體가 된다고 고백하였다. 예수 그리스도가 교회의 머리 되신다는 고백은 그분의 다시 살아남, 곧 당시의 부활復活 체험에 근거하는 것이며, 교회 안에 여전히 그분이 보내신 거룩한 영이 현존現存하고 있다는 믿음으로부터 가능한 일이었다. 또한 교회 공동체 내의 성례전聖禮奠 행위를 통해, 예수 그리스도는 생명의 떡으로서 신앙인들의 삶의 현장 속에 언제나 살아 역사할 수 있다.

1) 부활復活의 주님

예수께서 그곳에 이르러 보니 라자로가 무덤에 묻힌 지 이미 나흘이나 지난 뒤였다. 베다니아는 예루살렘에서 오리밖에 안 되는 곳이어서, 많은 유다인들이 오빠의 죽음을 슬퍼하고 있는 마르타와 마리아를 위로하러 와 있었다. 예수께서 오신다는 소식을 듣고 마르타는 마중을 나갔다. 그동안 마리아는 집 안에 있었다.

마르타는 예수께 이렇게 말하였다. "주님, 주님께서 여기에 계셨더라면 제 오빠는 죽지 않았을 것입니다. 그러나 지금이라도 주님께서 구하시기만 하면 무엇이든지 하느님께서 다 이루어 주실 줄 압니다."

"네 오빠는 다시 살아날 것이다." 예수께서 이렇게 말씀하시자 마르타는 "마지막 날 부활 때에 다시 살아나리라는 것은 저도 알고 있습니다." 하고 말하였다.

예수께서 "나는 부활이요 생명이니 나를 믿는 사람은 죽더라도 살겠고, 또 살아서 믿는 사람은 영원히 죽지 않을 것이다. 너는 이것을 믿느냐?" 하고 물으셨다. 마르타는 "예, 주님, 주님께서는 이 세상世上에 오시기로 약속된 그리스도이시며, 하느님의 아드님이신 것을 믿습니다." 하고 대답하였다. 요한의 복음서 11 : 17-27

만일 죽은 자가 다시 살아나는 일이 없다면 하느님께서 그리스도를 다시 살리셨을 리가 없습니다. 그렇다면 하느님께서 그리스도를 다시 살리셨다고 증언證言하는 우리는 결국 하느님을 거스르는 거짓 증인이 되는 셈입니다. 만일 죽은 자들이 다시 살아나는 일이 없다면, 그리스도께서도 다시 살아나실 수 없었을 것입니다.

만일 그리스도께서 다시 살아나시지 않았다면 여러분의 믿음은 헛된 것이 되고, 여러분은 아직도 죄에서 헤어나지 못하고 있을 것입니다. 그리고 그리스도를 믿다가 세상을 떠난 사람들도 멸망했을 것입니다. 만일 그리스도를 믿는 우리가 이 세상에만 희망을 걸고 있다면, 우리는 누구보다도 가장 가련한 사람일 것입니다.

고린토인들에게 보낸 첫째 편지 15 : 15-19

2) 성례전聖禮典의 그리스도 : 생명의 떡

그들이 음식을 먹을 때에 예수께서 빵을 들어 축복하시고 제자들에게 나누어주시며 "받아먹어라. 이것은 내 몸이다." 하시고 또 잔을 들어 감사의 기도를 올리시고 그들에게 돌리시며 "너희는 모두 이 잔을 받아 마셔라. 이것은 나의 피다. 죄를 용서해주려고 많은 사람을 위하여 내가 흘리는 계약의 피다."

마태오의 복음서 26 : 26-28

"하늘에서 너희에게 진정한 빵을 내려주시는 분은 내 아버지이시다. 하느님께서 주시는 빵은 하늘에서 내려오는 것이며 세상에 생명을 준다." 이 말씀을 듣고 그들이 "선생님, 그 빵을 항상 저희에게 주십시오." 하자 예수께서는 이렇게 대답하셨다.

"내가 바로 생명의 빵이다. 나에게 오는 사람은 결코 배고프지 않고 나를 믿는 사람은 결코 목마르지 않을 것이다."

요한의 복음서 6 : 32-35

3) 공동체를 위한 그리스도의 영靈

은총恩寵의 선물은 여러 가지이지만 그것을 주시는 분은 같은 성령이십니다. 주님을 섬기는 직책은 여러 가지이지만 우리가 섬기는 분은 같은 주님이십니다. 일의 결과는 여러 가지이지만 모든 사람 안에서 모든 일을 이루어주시는 분은 같은 하느님이십니다.

성령聖靈께서는 각 사람에게 각각 다른 은총의 선물을 주셨는데 그것은 공동 이익을 위한 것입니다. 어떤 사람은 성령에게서 지혜의 말씀을 받았고, 어떤 사람은 같은 성령에게서 지식의 말씀을 받았으며, 어떤 사람은 같은 성령에게서 믿음을 받았고, 어떤 사람은 같은 성령에게서 병 고치는 능력을 선물로 받았습니다. 어떤 사람은 기적을 행하는 능력을, 어떤 사람은 하느님의 말씀을 받아서 전하는 직책을, 어떤 사람은 어느 것이 성령의 활동인지를 가려내는 힘을, 어떤 사람은 여러 가지 이상한 언어를 말하는 능력을, 어떤 사람은 그 이상한 언어를 해석하는 힘을 받았습니다.

이 모든 것은 같은 성령께서 하시는 일입니다. 성령께서는 이렇게 당신이 원하시는 대로 각 사람에게 각각 다른 은총의 선물을 나누어주십니다.

고린토인들에게 보낸 첫째 편지 12 : 4-11

제10장

공동체

산피에트로 대성당 San Pietro Basilica(성 베드로 대성당)
이탈리아 로마 바티칸 소재

그리스도교는 2,000여 년 동안 교회 공동체를 통하여 자신의 존재 목적과 이유를 밝혀왔으며 그로써 전 세계 곳곳에서 수많은 사람들을 그리스도 신앙인으로 부름받도록 했다. 그리스도교의 선교활동이 교회를 근거로 이루어져온 결과이다. 주지하는바, 그리스도교는 묵시문학적默示文學的으로 임박하게 대망待望된 하느님 나라가 세계(역사) 내에 도래하지 않으므로 비롯된 종교라 할 수 있겠다.

그러나 예수 그리스도의 부활 체험 이후 그리스도교 공동체는 오히려 자신의 역사적 실존實存을 종말론적으로 규정지으며, 그리스도의 재림再臨 때까지 복음을 선포하고 하느님 나라에 상응하는 구체성을 실현시키려고 애써왔다. ≪성서≫에 언표된 교회의 존재론적 의미 규정으로는, 선택된 하느님의 백성, 하느님의 집, 그리스도의 몸, 새 예루살렘 등이 있다.

그리스도교는 교회를 통하여 그리스도의 재림 때까지 자신의 선교적 사명을 담당하는데, 교회 공동체共同體의 직무와 역할은 다음과 같다. 무엇보다 교회는 하느님 말씀을 선포하는 공동체이다. 본래 교회를 나타내는 희랍어 '에클레시아 ecclesia'란 '모여진 무리'를 뜻하는 것으로서 모인 사람들에게 복음을 증거하는 일이 교회의 1차적 사명인 것이다.

하느님 말씀 안에서 한 소망을 나누게 된 신앙공동체는 친교(코이노니아)와 봉사(디아코니아)를 자신의 역할로 삼는다. 코이노니아 koinonia란 그리스도를 머리로 하여 한 몸을 이루는 각 지체肢體들 간의 사랑의 연대성을 지시한다. 하느님 말씀을 듣고 세례를 받은 신앙인들은 교회의 각 지체가 되어, 상호 별개의 주체적 존재로서가 아니라 서로의 고통과 아픔에 참여하는 유기적, 관계적 삶의 양식을 갖게 된다는 것이다.

코이노니아를 통해 상호 관계성을 획득한 신앙 공동체의 다음 과제는 세상을 향한 섬김과 봉사, 곧 디아코니아diakonia이다. 이것은 그리스도교의 사회윤리를 근거 짓는 기본원리인바, 교회 안팎을 막론하고 정의와 평화를 이루기 위한 모든 노력과 직접적으로 연루되는 것이다. 이외에도 교회의 본질을 대변하는 것으로서 종말론적 소망 공동체, 성례(축복) 공동체 등의 개념이 사용되고 있다.

그리스도교 역사가 2,000년을 경과해오는 동안 상이한 교회 형태, 신앙신조를 조금씩 달리하는 교파들이 생겨났지만, 그리스도교는 제諸 형태의 교회가 모두 통일된 하나의 교회이며, 거룩한 교회이고, 보편적이며 사도적 전승에 근거한 것임을 인정한다. 이러한 교회의 본질적 특성에 근거하여, 현상적으로 분열된 교회들 간에 에큐메니컬 운동[4]이 전 세계적으로 일어나고 있는 상황이다.

1. 지연遲延된 종말과 교회

본래 그리스도교는 하느님 나라가 지상地上 위에 임할 것을 믿는

4) '에큐메니칼 운동'이란 한마디로 개신교 내의 교회 일치운동을 일컫는다. 종교개혁이래로 가톨릭과 분화되었고 이후 수많은 교파로 갈라진 교회들을 다시 연합하려는 교회내의 신학적 노력이라 할 것이다.

종교이다. 그리스도교 창시자인 예수 역시 임박한 하느님 나라의 도래를 믿고 인간의 회개를 촉구하신 분이다. 그러나 예수를 비롯하여 그를 따르는 추종자들이 기다리던 하느님 나라는 그들의 살아생전에 이루어지지 않았고, 이로 인해 원시 그리스도 교회 내에서 많은 어려움이 생겨나기도 했다.

그러나 사도행전 등에서는 교회의 역사적 태동胎動이야말로 임박한 종말을 대신한 것이며, 교회 공동체는 하느님 나라 그 자체는 아니지만 그와 등가적 가치를 지니는 것으로서, 세상 안에 있으면서 세상을 초월하는 집단으로 이해하게 되었다. 이로부터 교회는 예수 그리스도를 주님으로 증거하고 종말을 선포하는 역할과 기능을 담당한다고 ≪신약성서≫는 증거하고 있다.

1) 임박한 하느님 나라를 기대期待하는 종말론적 공동체

요한은 자기에게 세례를 받으러 나오는 사람들에게 이렇게 말하였다. "이 독사의 족속들아, 닥쳐올 징벌을 피하라고 누가 일러주더냐? 너희는 회개했다는 증거를 행실로 보여라. 그리고 '아브라함이 우리의 조상이다.' 하는 말은 아예 하지도 마라. 사실 하느님은 이 돌들로도 아브라함의 자녀를 만드실 수 있다.

도끼가 이미 나무뿌리에 닿았으니 좋은 열매를 맺지 않는 나무는 다 찍혀 불 속에 던져질 것이다." 루가의 복음서 3 : 7-9

지금 우리가 겪고 있는 재난을 생각한다면 남자는 현재 상태를 그대로 유지하는 것이 좋다고 생각합니다. 아내가 있는 사람은 아내와 헤어지려고 하지 말고, 아내가 없는 사람은 아내를 얻으려고 하지 마십시오. 그러나 남자가 결혼한다고 해서 죄를 짓는다거나 처녀가 결혼한다고 해서 죄를 짓는다는 것은 아닙니다. 다만 결혼한 사람들은 세상 고통에 시달릴 터이므로, 여러분을 아끼는 마음에서 이 말을 하는 것입니다.

형제 여러분, 내 말을 명심하여 들으십시오. 이제 때가 얼마 남지 않았으니 이제부터는 아내가 있는 사람은 아내가 없는 사람처럼 살고, 슬픔이 있는 사람은 슬픔이 없는 사람처럼 지내고, 기쁜 일이 있는 사람은 기쁜 일이 없는 사람처럼 살고, 물건을 산 사람은 그 물건이 자기 것이 아닌 것처럼 생각하고, 세상과 거래를 하는 사람은 세상과 거래를 하지 않는 사람처럼 살아야 합니다. 우리가 보는 이 세상은 사라져가고 있기 때문입니다.

고린토인들에게 보낸 첫째 편지 7 : 26-31

2) 종말을 대신代身하는 교회 공동체

사도들은 다 같이 모인 자리에서 예수께 이렇게 물었다. "주님, 주님께서 이스라엘 왕국王國을 다시 세워주실 때가 바로 지금입니까?"

예수께서는 이렇게 대답하셨다. "그때와 시기는 아버지께서 당신의 권능으로 결정하셨으니 너희가 알 바 아니다. 그러나 성령이 너희에게 오시면 너희는 힘을 받아 예루살렘과 온 유다와 사마리

아뿐만 아니라 땅 끝에 이르기까지 어디에서나 나의 증인證人이 될 것이다." 사도행전 1 : 6-8

믿는 사람은 모두 함께 지내며 그들의 모든 것을 공동 소유로 내어놓고, 재산과 물건을 팔아서 모든 사람에게 필요한 만큼 나누어주었다. 그리고 한 마음이 되어 날마다 열심히 성전에 모였으며, 집집마다 돌아가며 같이 빵을 나누고, 순수한 마음으로 기쁘게 음식을 함께 먹으며 하느님을 찬양하였다. 이것을 보고 모든 사람이 그들을 우러러보게 되었다. 주께서는 구원받을 사람을 날마다 늘려주셔서 신도信徒의 모임이 커갔다. 사도행전 2 : 44-47

2. 교회의 존재론적, 성서적 의미규정

'에클레시아 ecclesia'를 그 원어로 하는 교회는 ≪신약성서≫ 시대에 생겨난 것이긴 하지만 ≪구약성서≫에도 그와 유사한 개념이 사용되곤 했다. 선택된 하느님의 백성들로서 이스라엘 회중이 바로 그것이며 또한 가난한 자, 병든 자, 고통 중에 있는 자, 고아와 과부들, 그리고 그들을 돌보고 그들과 연대하는 사람들을 하느님의 가족으로 명명한 것 역시 동일한 맥락에서이다.

나아가 교회는 하느님의 집, 즉 하느님과의 교제 장소로서 언표되었고, ≪신약성서≫ 시대에 이르러 교회는 그리스도의 몸, 그리스도의 신부新婦로서 예수 그리스도와 불가분리不可分離의 관계 속에 있는 거룩한 공간으로 자리매김되었으며, 다가올 미래적 공동체(종말론, 하느님 나라)를 예시하는 존재론적 실체로서 이해되었다.

1) 선택된 하느님의 백성(가족)

내가 너희 가운데 나의 있을 자리를 정하고 너희를 저버리지 아니하리라. 나는 너희 가운데 살며 너희 하느님이 되고 너희는 나의 백성이 되리라. 나 야훼는 너희를 이집트 땅에서 이끌어내어 너희를 종으로 부리지 못하게 한 너희의 하느님이다. 나는 너희가 멘 멍에의 가름대를 부수어 너희로 하여금 고개를 들고 다니게 하였다.
레위기 26 : 11-13

그러나 여러분은 선택된 민족이고 왕의 사제들이며 거룩한 겨레이고 하느님의 소유가 된 백성입니다. 그러므로 여러분은 어두운 데서 여러분을 불러내어 그 놀라운 빛 가운데로 인도해주신 하느님의 놀라운 능력을 널리 찬양해야 합니다. 여러분이 전에는 하느님의 백성이 아니었지만 지금은 하느님의 백성이며, 전에는 하느님의 자비를 받지 못했지만 지금은 그분의 자비를 받게 되었습니다.
베드로의 첫째 편지 2 : 9, 10

2) 가난한 자들과의 연대

"이 말을 듣고 그들도 이렇게 대답할 것이다. '주님, 주님께서 언제 굶주리고 목마르셨으며, 언제 나그네 되시고 헐벗으셨으며, 또 언제 병드시고 감옥에 갇히셨기에 저희가 모른 체하고 돌보아 드리지 않았다는 말씀입니까?' 그러면 임금은 '똑똑히 들어라. 여기 있는 형제들 중에 가장 보잘것없는 사람 하나에게 해주지 않은 것이 곧 나에게 해주지 않은 것이다.' 하고 말할 것이다. 이리하여 그들은 영원히 벌 받는 곳으로 쫓겨날 것이며, 의인義人들은 영원한 생명의 나라로 들어갈 것이다." 마태오의 복음서 25 : 44-46

그때에 예수께서 제자들을 바라보시며 말씀하셨다.
"가난한 사람들아, 너희는 행복하다.
하느님 나라가 너희의 것이다.
지금 굶주린 사람들아, 너희는 행복하다.
너희가 배부르게 될 것이다.
지금 우는 사람들아, 너희는 행복하다.
너희가 웃게 될 것이다." 루가의 복음서 6 : 20, 21

3) 하느님의 집 : 하느님과의 교제장소

"선생님은 살아 계신 하느님의 아들 그리스도이십니다." 시몬 베드로가 이렇게 대답하자 예수께서는 "시몬 바르요나, 너에게 그것을 알려주신 분은 사람이 아니라 하늘에 계신 내 아버지시니 너는 복이 있다. 잘 들어라. 너는 베드로이다. 내가 이 반석 위에 내 교회를 세울 터인즉 죽음의 힘도 감히 그것을 누르지 못할 것이다. 또 나는 너에게 하늘나라의 열쇠를 주겠다. 네가 무엇이든지 땅에서 매면 하늘에도 매여 있을 것이며, 땅에서 풀면 하늘에도 풀려 있을 것이다." 하고 말씀하셨다.

마태오의 복음서 16 : 16-19

유다인들의 과월절過越節이 가까워지자 예수께서는 예루살렘에 올라가셨다. 그리고 성전 뜰에서 소와 양과 비둘기를 파는 장사꾼들과 환금상들이 앉아 있는 것을 보시고, 밧줄로 채찍을 만들어 양과 소를 모두 쫓아내시고, 환금상들의 돈을 쏟아버리며 그 상을 둘러엎으셨다. 그리고 비둘기 장수들에게 "이것들을 거두어가라. 다시는 내 아버지의 집을 장사하는 집으로 만들지 마라." 하고 꾸짖으셨다.

이 광경을 본 제자들의 머리에는 '하느님이시여, 하느님의 집을 아끼는 내 열정이 나를 불사르리이다.' 하신 ≪성서≫의 말씀이 떠올랐다. 그때에 유다인들이 나서서 "당신이 이런 일을 하는데, 당신에게 이럴 권한이 있음을 증명해 보시오. 도대체 무슨 기적을 보여주겠소?" 하고 예수께 대들었다.

예수께서는 "이 성전을 허물어라. 내가 사흘 안에 다시 세우겠다." 하고 대답하셨다. 그들이 예수께 "이 성전을 짓는 데 46년이나 걸렸는데, 그래 당신은 그것을 사흘이면 다시 세우겠단 말이오?" 하고 또 대들었다. 그런데 예수께서 성전이라 하신 것은 당신의 몸을 두고 하신 말씀이었다.

요한의 복음서 2 : 13-21

성전의 상인들을 쫓아내시는 예수
Jesus driving the merchants from the Temple
야코프 요르단스 Jacob Jordaens

4) 그리스도의 몸, 그리스도의 신부新婦

여러분은 다 함께 그리스도의 몸을 이루고 있으며 한 사람 한 사람은 그 지체가 되어 있습니다. 하느님께서는 교회 안에 다음과 같은 직책을 두셨습니다. 첫째는 사도使徒요, 둘째는 하느님의 말씀을 받아 전하는 사람이요, 셋째는 가르치는 사람이요, 다음은 기적을 행하는 사람이요, 또 그 다음은 병 고치는 능력을 받은 사람, 남을 도와주는 사람, 지도하는 사람, 이상한 언어를 말하는 사람 등입니다.

모두가 다 사도일 수는 없지 않겠습니까? 모두가 다 하느님의 말씀을 받아 전하는 사람일 수는 없지 않겠습니까? 모두가 다 가르치는 사람일 수는 없지 않겠습니까? 모두가 다 기적을 행할 수는 없지 않겠습니까? 모두가 다 병 고치는 능력을 받을 수는 없지 않겠습니까? 모두가 다 이상한 언어를 말할 수는 없지 않겠습니까? 모두가 다 해석하는 사람일 수는 없지 않겠습니까? 여러분은 더 큰 은총의 선물을 간절히 구하십시오.

고린토인들에게 보낸 첫째 편지 12 : 27-31

5) 새 예루살렘 : 미래적 공동체

그 뒤에 나는 새 하늘과 새 땅을 보았습니다. 이전의 하늘과 이전의 땅은 사라지고 바다도 없어졌습니다. 나는 또 거룩한 도성都城 새 예루살렘이 신랑을 맞을 신부가 단장한 것처럼 차리고, 하느님께서 계시는 하늘로부터 내려오는 것을 보았습니다. 그때 나는 옥좌로부터 울려 나오는 큰 음성을 들었습니다.

"이제 하느님의 집은 사람들이 사는 곳에 있다. 하느님은 사람들과 함께 계시고 사람들은 하느님의 백성이 될 것이다. 하느님께서는 친히 그들과 함께 계시고, 그들의 하느님이 되셔서 그들의 눈에서 모든 눈물을 씻어주실 것이다. 이제는 죽음이 없고 슬픔도 울부짖음도 고통도 없을 것이다. 이전 것들이 다 사라져버렸기 때문이다."

요한의 묵시록 21 : 1-4

3. 교회 공동체의 직무와 역할

≪신약성서≫ 시대 이후로 교회는 예수 그리스도의 십자가 죽

음이 세상의 죄를 대신한 속죄적贖罪的 사건이었으며, 그로써 우리 모두가 하느님의 아들이 되었음을 선포하는 말씀 공동체였다. 이런 믿음을 토대로 교회 안에 모인 성도들은 상호 친교親交와 봉사奉仕를 삶의 원칙으로 삼고, 어떤 갈등과 상처도 극복해낼 수 있는 힘을 키워내야만 한다. 또한 교회는 축복 공동체이다. 종말론적 희망을 이미 나눈 집단이기에, 세상을 하느님의 뜻 안에서 변화시킬 책임을 지닌다.

1) 선포宣布 공동체

하느님의 자비慈悲에 힘입어 이 직분을 맡은 우리는 결코 낙심하지 않습니다. 우리는 드러내지 못할 창피스러운 일들을 다 버렸으며 간교한 행동도 하지 않았고, 하느님의 말씀을 비뚤어지게 전하지도 않았습니다. 그리고 진리를 밝혀 드러내었으니, 우리는 하느님 앞에나 모든 사람의 양심 앞에 우리 자신을 떳떳하게 내세울 수 있습니다.

우리가 전하는 복음이 가려졌다면 그것은 멸망하는 자들에게나 가려졌을 것입니다. 그들이 믿지 않는 것은 이 세상의 악신惡神이 그들의 마음을 어둡게 했기 때문입니다. 그들은 하느님의 형상이신 그리스도의 영광스러운 복음의 빛을 보지 못하게 되었습니다. 우리가 선전하는 것은 우리 자신이 아닙니다. 예수 그리스도가 주님이시고 우리는 예수를 위해서 일하는 여러분의 종이라는 것을 선포하고 있습니다. 고린토인들에게 보낸 둘째 편지 4 : 1-5

그러나 모든 사람이 다 그 복음을 받아들인 것은 아닙니다. "주님, 우리가 일러준 말을 누가 믿었습니까?" 하고 이사야도 한탄한 일이 있습니다. 그러므로 들어야 믿을 수 있고 그리스도를 전하는 말씀이 있어야 들을 수 있습니다.

로마인들에게 보낸 편지 10 : 16, 17

2) 친교親交와 섬김 공동체

여러분은 모두 믿음으로 그리스도 예수와 함께 삶으로써 하느님의 자녀가 되었습니다. 세례를 받아서 그리스도 안으로 들어간 여러분은 모두 그리스도를 옷 입듯이 입었습니다.

유다인이나 그리스인이나 종이나 자유인이나 남자나 여자나 아무런 차별이 없습니다. 그리스도 예수 안에서 여러분은 모두 한 몸을 이루었기 때문입니다. 여러분이 그리스도에게 속했다면 여러분은 아브라함의 자손이며 따라서 약속에 의한 상속자들입니다.

갈라디아인들에게 보낸 편지 3 : 26-29

3) 용서받은 구원 공동체 : 종말론적 희망

그러나 그리스도께서는 죽은 자들 가운데서 다시 살아나셔서 죽었다가 부활한 첫 사람이 되셨습니다. 죽음이 한 사람으로 말미암아 온 것처럼 죽은 자의 부활도 한 사람으로 말미암아 왔습니다. 아담으로 말미암아 모든 사람이 죽는 것과 마찬가지로, 그리스도로 말미암아 모든 사람이 살게 될 것입니다.

그러나 각각 차례가 있습니다. 먼저 그리스도께서 살아나셨고, 그 다음에는 그리스도를 믿는 사람들이 그리스도께서 다시 오실 때 살아나게 될 것입니다. 그 다음에는 마지막 날이 올 터인데, 그때에는 그리스도께서 모든 권위와 세력과 능력의 천신들을 물리치시고, 그 나라를 하느님 아버지께 바치실 것입니다. 그리스도께서는 하느님께서 모든 원수를 그리스도의 발 아래 굴복시키실 때까지 군림君臨하셔야 합니다.

마지막으로 물리치실 원수는 죽음입니다. "하느님께서는 모든 것을 당신 발 아래 굴복시켰다." 했습니다. 이렇게 모든 것을 굴복시키셨다고 할 때, 굴복시키시는 그분은 그 속에 포함되어 있지 않다는 것이 분명합니다. 이리하여 모든 것이 그분에게 굴복당할 때에는, 아드님 자신도 당신에게 모든 것을 굴복시켜주신 하느님께 굴복하실 것입니다. 그때에는 하느님께서 만물을 완전히 지배하시게 될 것입니다. 고린토인들에게 보낸 첫째 편지 15 : 20-28

4) 화해와 치유 공동체

예루살렘 양의 문[5] 곁에는 히브리 말로 '베짜타'라는 못이 있었고 그 둘레에는 행각 다섯이 서 있었다. 이 행각에는 소경과 절름발이와 중풍병자 등 수많은 병자들이 누워 있었는데 - 그들은 물이 움직이기를 기다리고 있었다. 이따금 주님의 천사가 그 못에 내려와 물을 휘젓곤

5) 예루살렘 외곽의 건축물 이름이다.

하였는데, 물이 움직일 때에 맨 먼저 못에 들어가는 사람은 무슨 병이라도 다 나았던 것이다. – 그들 중에는 38년이나 앓고 있는 병자도 있었다.

예수께서 그 사람이 거기 누워 있는 것을 보시고 또 아주 오래된 병자라는 것을 아시고는, 그에게 "낫기를 원하느냐?" 하고 물으셨다. 병자는 "선생님, 그렇지만 저에겐 물이 움직여도 물에 넣어줄 사람이 없습니다. 그래서 저 혼자 가는 동안에 딴 사람이 먼저 못에 들어갑니다." 하고 대답하였다. 예수께서 "일어나 요를 걷어 들고 걸어가거라." 하시자 그 사람은 어느새 병이 나아서 요를 걷어들고 걸어갔다. 그날은 마침 안식일이었다. 요한의 복음서 5 : 2-9

그런데 군중 속에는 열두 해 동안이나 하혈증으로 앓고 있던 여자가 있었다. 그 여자는 여러 의사에게 보이느라고 고생만 하고 가산家産마저 탕진했는데도, 아무 효험도 없이 오히려 병은 점점 더 심해졌다. 그러던 차에 예수의 소문을 듣고 군중 속에 끼여 따라가다가 뒤에서 예수의 옷에 손을 대었다. 그 옷에 손을 대기만 해도 병이 나으리라고 생각하였던 것이다. 손을 대자마자 그 여자는 과연 출혈出血이 그치고 병이 나은 것을 스스로 알 수 있었다.

예수께서는 곧 자기에게서 기적의 힘이 나간 것을 아시고 돌아서서 군중을 둘러보시며 "누가 내 옷에 손을 대었느냐?" 하고 물으셨다. 제자들은 "누가 손을 대다니요? 보시다시피 이렇게 군중이 사방에서 밀어대고 있지 않습니까?" 하고 반문하였다. 그러나 예수께서는 둘러보시며 옷에 손을 댄 여자를 찾으셨다. 그 여자는 자기 몸에 일어난 일을 알았기 때문에 두려워 떨며 예수 앞에 엎드려 사실대로 말씀드렸다.

예수께서는 그 여자에게 "여인아, 네 믿음이 너를 살렸다. 병이 완전히 나았으니 안심하고 가거라." 하고 말씀하셨다.

마르코의 복음서 5 : 25-34

5) 성례聖禮, 축복 공동체

"그러므로 너희는 가서 이 세상 모든 사람들을 내 제자로 삼아, 아버지와 아들과 성령의 이름으로 그들에게 세례를 베풀고, 내가 너희에게 명한 모든 것을 지키도록 가르쳐라. 내가 세상 끝날까지 항상 너희와 함께 있겠다." 마태오의 복음서 28 : 19, 20

당신의 심오한 뜻을 알게 해주셨습니다. 이것은 그리스도를 시켜 이루시려고 하느님께서 미리 세워놓으셨던 계획대로 된 것으로서, 때가 차면 이 계획이 이루어져서 하늘과 땅에 있는 모든 것이 그리스도를 머리로 하고 하나가 될 것입니다.

에페소인들에게 보낸 편지 1 : 9, 10

4. 교회 공동체와 목회사역牧會使役

교회 공동체를 치리治理하고 이끌어가기 위해 교회는 하느님의 비밀을 맡은 성직자聖職者들을 요청한다. 본래 원시 그리스도교 내에서는 성직 제도가 없었으나, 교회 조직이 커짐에 따라 교회 일을 전담할 책임자가 필요했던 것이다.

그러나 성직자란 다른 사람과 질적으로 구별된 특권화된 존재가 결코 아닌바, 말씀을 공부하고 그 말씀을 바르게 선포할 은사恩賜를 받은 사람일 뿐이다. 이러한 은사는 교회를 섬기고 교회를 위해 헌신하는 일반 평신도들의 사명과, 그 평신도들이 받은 은사와 본질적으로 다르지 않다.

1) 안수按手와 목회(성직자)

이 무렵 신도들의 수효가 점점 늘어나게 되자 그리스 말을 쓰는 유다인들이 본토 유다인들에게 불평을 터뜨리게 되었다. 그것은 그들의 과부들이 그날그날의 식량을 배급받을 때마다 푸대접을 받았기 때문이었다.

그래서 열두 사도가 신도들을 모두 불러놓고 이렇게 말하였다. "우리가 하느님의 말씀을 전하는 일은 제쳐놓고 식량 배급에만 골몰하는 것은 옳지 못합니다. 그러니 형제 여러분, 여러분 가운데서 신망이 두텁고 성령과 지혜가 충만한 사람 일곱을 뽑아내시오. 이 일은 그들에게 맡기고 우리는 오직 기도와 전도하는 일에만 힘쓰겠습니다."

모든 신도들은 이 말에 찬동하여 믿음과 성령이 충만한 사람 스데파노와 필립보와 브로코로와 니가노르와 디몬과 바르메나와, 또

안티오키아 출신으로 유다교로 개종한 니골라오를 뽑아 사도들 앞에 내세웠다. 사도들은 기도하고 그들에게 안수按手하였다.

사도행전 6 : 1-6

젊다는 이유로 남에게 멸시를 당하지 말고, 도리어 말에나 행실에나 사랑에나 믿음에나 순결에 있어서 신도들의 모범이 되시오. 내가 갈 때까지 ≪성경≫ 읽는 일과 격려하는 일과 가르치는 일에 힘쓰시오. 그대가 선물로 받은 그 거룩한 직무, 곧 원로元老들이 그대에게 안수하며 예언해준 말씀을 통해서 그대에게 맡겨진 직무를 등한히 하지 마시오.

이 직무에 전념하고 정성을 다하시오. 그리해서 그대가 발전하고 있음을 모든 사람이 보고 알 수 있게 하시오. 그대 자신을 조심하고 그대의 가르침의 내용을 잘 살피시오. 이렇게 꾸준히 일을 해 나가면, 그대 자신을 구원할 뿐 아니라 그대의 말을 듣는 사람들을 모두 구원할 수 있을 것입니다.

디모테오에게 보낸 첫째 편지 4 : 12-16

2) 종교 교육

나는 여러분을 부끄럽게 하려고 이런 말을 쓰는 것은 아닙니다. 오히려 여러분을 내 사랑하는 자녀로 생각하고 교훈하려는 것입니다. 여러분의 신앙생활을 지도해줄 교사는 얼마든지 있겠지만 아버지는 여럿이 있을 수가 없습니다. 여러분에게 복음을 전하여 그리스도 예수를 믿는 교인으로 태어나게 한 사람은 바로 나입니다.

그러므로 나는 여러분에게 권합니다. 나를 본받으십시오. 내가 디모테오를 여러분에게 보내는 것도 바로 이 때문입니다. 그는 주님을 진실하게 믿는 내 사랑하는 아들입니다. 내가 모든 교회에서 가르치고 또 실천하고 있는 그리스도 교인의 생활 원칙을 그가 여러분에게 일깨워줄 것입니다.

고린토인들에게 보낸 첫째 편지 4 : 14-17

여러분의 마음속에 그리스도를 주님으로 우러러 모시고, 여러분이 간직하고 있는 희망에 대해서 설명을 듣고 싶어 하는 사람들에게는 언제라도 답변할 수 있도록 준비해두십시오. 그러나 답변을 할 때에는 부드러운 태도로 조심스럽게 해야 합니다. 여러분은 언제나 깨끗한 양심을 지니고 사십시오. 그러면 그리스도를 믿는 여러분의 착한 행실을 헐뜯던 자들이 바로 그 일로 부끄러움을 당하게 될 것입니다. 베드로의 첫째 편지 3 : 15, 16

3) 교회의 직분 : 은사恩賜의 다양성

은총의 선물은 여러 가지이지만 그것을 주시는 분은 같은 성령이십니다. 주님을 섬기는 직책은 여러 가지이지만 우리가 섬기는 분은 같은 주님이십니다. 일의 결과는 여러 가지이지만 모든 사람 안에서 모든 일을 이루어주시는 분은 같은 하느님이십니다.

성령께서는 각 사람에게 각각 다른 은총의 선물을 주셨는데 그것은 공동 이익을 위한 것입니다. 어떤 사람은 성령에게서 지혜의 말씀을 받았고, 어떤 사람은 같은 성령에게서 지식의 말씀을 받았으며, 어떤 사람은 같은 성령에게서 믿음을 받았고, 어떤 사람은 같은 성령에게서 병 고치는 능력을 선물로 받았습니다. 어떤 사람은 기적을 행하는 능력을, 어떤 사람은 하느님의 말씀을 받아서 전하는 직책을, 어떤 사람은 어느 것이 성령의 활동인지를 가려내는 힘을, 어떤 사람은 여러 가지 이상한 언어를 말하는 능력을, 어떤 사람은 그 이상한 언어를 해석하는 힘을 받았습니다.

이 모든 것은 같은 성령께서 하시는 일입니다. 성령께서는 이렇게 당신이 원하시는 대로 각 사람에게 각각 다른 은총의 선물을 나누어주십니다. 고린토인들에게 보낸 첫째 편지 12 : 4-11

5. 교회의 본질적 특성

교리사적教理史的으로 그리스도 교회는 다음 네 가지 개념 범주로 특성화되어 있다. 먼저 그리스도 교회는 어떤 교파에 속해 있거나 하나의 통일된 교회이며, 그리스도 교회는 그리스도의 신부新婦이자 하느님의 몸으로서 언제나 거룩하며, 그리스도 교회는 어느 곳에 있든지 어느 시기에 있든지 보편적 교회이고, 그리고 마지막으로 그리스도 교회는 베드로에게 위임된 예수 그리스도의 사도성을 계승하는 것이다. 특별히 가톨릭 교회는 네 번째 특성을 교회의 본질로서 강조하고 있다.

1) 통일성統一性

이렇게 그리스도께서는 세상에 오셔서, 하느님과 멀리 떨어져 있던 여러분에게나 가까이 있던 유다인들에게나, 다 같이 평화의 기쁜 소식을 전해주셨습니다. 그래서 이방인 여러분과 우리 유다인들은 모두 그리스도로 말미암아 같은 성령을 받아, 아버지께로 가까이 나아가게 되었습니다. 이제 여러분은 외국인도 아니고 나그네도 아닙니다. 성도들과 같은 한 시민이며 하느님의 한 가족입니다.

여러분이 건물이라면 그리스도께서는 그 건물의 가장 요긴한 모퉁잇돌이 되시며 사도들과 예언자들은 그 건물의 기초가 됩니다. 온 건물은 이 모퉁잇돌을 중심으로 서로 연결되고 점점 커져서 주님의 거룩한 성전이 됩니다. 여러분도 이 모퉁잇돌을 중심으로 함께 세워져서 신령한 하느님의 집이 되는 것입니다.

에페소인들에게 보낸 편지 2 : 17-22

2) 거룩성

여러분은 자신이 하느님의 성전이며 하느님의 성령께서 자기 안에 살아 계시다는 것을 모르십니까? 만일 누구든지 하느님의 성전을 파괴하면 하느님께서도 그 사람을 멸망시키실 것입니다. 하느님의 성전은 거룩하며 여러분 자신이 바로 하느님의 성전이기 때문입니다. 고린토인들에게 보낸 첫째 편지 3 : 16, 17

3) 보편성普遍性

예수께서는 이렇게 말씀하셨다. "내 말을 믿어라. 사람들이 아버지께 예배를 드릴 때에 '이 산이다.' 또는 '예루살렘이다.' 하고 굳이 장소를 가리지 않아도 될 때가 올 것이다. 너희는 무엇인지도 모르고 예배하지만 우리는 우리가 예배 드리는 분을 잘 알고 있다. 구원은 유다인에게서 오기 때문이다.

그러나 진실하게 예배하는 사람들이 영적으로 참되게 아버지께 예배를 드릴 때가 올 터인데 바로 지금이 그때이다. 아버지께서는 이렇게 예배하는 사람들을 찾고 계신다. 하느님은 영적인 분이시다. 그러므로 예배하는 사람들은 영적으로 참되게 하느님께 예배 드려야 한다." 요한의 복음서 4 : 21-24

4) 사도성使徒性

예수께서는 "시몬 바르요나, 너에게 그것을 알려주신 분은 사람이 아니라 하늘에 계신 내 아버지시니 너는 복이 있다. 잘 들어라. 너는 베드로이다. 내가 이 반석 위에 내 교회教會를 세울 터인즉 죽음의 힘도 감히 그것을 누르지 못할 것이다. 또 나는 너에게 하늘나라의 열쇠를 주겠다. 네가 무엇이든지 땅에서 매면 하늘에도 매여 있을 것이며 땅에서 풀면 하늘에도 풀려 있을 것이다." 하고 말씀하셨다. 그러고 나서 예수께서는 자신이 그리스도라는 것을 아무에게도 말하지 말라고 단단히 당부하셨다.

마태오의 복음서 16 : 17-20